# 別讓……思 害了你

It's OK to
SAY NO



## 讓你徹底消滅"不好意思"的超級心理課

在人際交往場合，
"不好意思"等於沒有主見，
等於委曲求全，等於止步不前。

高朋 著

# Chapter 5

## 左邊不要臉，右邊厚臉皮：沒什麼「不好意思」

臉皮厚，吃不夠；臉皮薄，吃不著
人在屋簷下，一定要低頭
在你沒有成就以前，切勿過分強調自尊
臉都不要了，還怕什麼
爺爺都是從孫子走過來的
世界如此複雜，你要學會裝傻
我是流氓我怕誰
求人辦事遇冷落，切勿拂袖而去
忍無可忍，就重新再忍
自己少愛點面子，給別人多點面子

# 序一 學會拒絕，學會說「不」

你的朋友邀請你和他一起去唱KTV，但你對那種場所一向反感，而且你歌喉平平，應該如何拒絕他？

你在服裝店看中一款西裝，樣式和做工都令人滿意，只是價錢上不夠理想，但看到銷售員的熱情服務，又不好意思拒絕，你該怎麼辦？

一個素行不良的熟人來纏住你，非要向你借錢不可，說是用作購買參考書。但你知道，錢一旦借給他便是肉包子打狗——有去無回。這時，你該如何拒絕他？

去朋友家做客，朋友問你：「吃紅蘋果還是青蘋果？」這時，一向很隨和的你是說「都可以」還是「我最愛的水果是香蕉」？

不知生活中有多少人因為不好意思說出那個「不」字，而買了不稱心的襯衫，娶了自己不喜歡的女孩，答應了自己辦不到的事情，耽誤了自己不應該耽誤的約會。

習慣於中庸之道的人，在拒絕別人時很容易產生一種「不好意思」的心理。這種心理阻礙了人們把拒絕的話說出口。由於這種矛盾的心情，態度上就不那麼誠懇，說話吞吞吐吐、欲言又止，欲藏又露。在這種心理的制約下，很多人往往戴著假面具生活，不僅活得很累，而且丟失了自我，常常後悔不已；又因為難於擺脫這種「無力拒絕症」，而自責、自卑。

喜劇大師卓別林曾說：學會說「不」吧，那麼你的生活將會美好得多！

拒絕是一門藝術。在面對對方的百般請求時，能夠做到既不傷害對方的自尊，也不讓對方為難，才可以稱之為完美的拒絕之術。

啟功先生是中國著名的書法家，向他求學、求教的人實在是太多了，以致先生住的地方整天充斥著腳步聲和敲門聲。啟功先生不禁自嘲：「我真成了動物園裡供人參觀的大熊貓了。」

有一次，先生患了重感冒起不了床，怕又有人敲門，就在一張白紙上寫了四句話，貼在門上：「熊貓病了，謝絕參觀；如敲門窗，罰款一元。」先生雖然病了，但仍不失幽默。

著名漫畫家華君武先生聽說了這件事後，專門畫了一篇漫畫，題云：「啟功先生，書法大家。人稱國寶，都來找他。請出索畫，累得躺下。大門外面，免戰高掛。上寫四字，熊貓病了。」

大膽地說「不」吧！說「不」是每個人的權利。中國有句古話：「君子有所為，有所不為。」這個「不為」，就是拒絕，意思就是當別人有所求而你無能為力的時候，就要行使你拒絕的權利；當你的合法權益受到侵害的時候，你也要行使你拒絕的權利。

學會說「不」，既可減少心理上的許多緊張和壓力，又可表現出人格的獨特性，也不至於讓自己在人際交往中陷於被動，生活就會變得輕鬆、瀟灑些。

# 序二 求人辦事，厚中帶黑

人生起伏，不可能處處得志，誰都有可能碰上山窮水盡的時候。俗話說：「一個籬笆三個樁，一個好漢三個幫。」不管你是能者還是庸人，智者還是蠢夫，上位者還是打工仔，都需要別人的說明才能在社會中立足。

中國古時候就有聖賢主張「萬事不求人」，不過自古至今，「萬事不求人」似乎只是一句虛言。

戰國時期，楚國人許行率領著自己的幾十個門徒來到滕國，他們穿著粗麻織成的衣服，靠編草鞋、織蓆謀生，不僅如此，許行還公開指責滕國的國君不明事理。因為在他看來，任何人都不能依賴別人，不能有求於別人，所以，一個賢明的君主應該一方面替老百姓服務，另一方面還要和老百姓一樣自耕自食，如果自己不勞作而接受別人的供養，就不能算是一個賢明的君主。

一個叫陳相的人將許行的所作所為告訴了孟子。

孟子問：「你能肯定許行吃的一定是自己親自種的糧食嗎？」

陳相回答：「是的。」

孟子接著又問：「那麼，許行穿的衣服一定是他自己織的布做的嗎？他頭上的帽子也是自己做的嗎？他煮飯的鐵甑都是自己親手澆鑄的嗎？他耕作用的鐵器也都是自己親手打製的嗎？」

陳相回答說：「不是的，這些東西都是他用米、草鞋、草蓆這些東西換來的。」

孟子說：「既然是這樣，那就是許行自己不明白事理了。」

孟子和陳相的對話，明白地指出不論衣食住行，我們都是有求於人的。我們要想在世界上存活下去，須要辦數不清的事，須要請無數人幫忙。一個人如果不和他人建立聯繫，不求助於別人，就不可能實現自己的人生理想和價值。

求人實在是不得已而為，又不得不為的兩難之事。要求人，臉皮薄、不好意思可不行。所謂「人在屋簷下，不得不低頭」，求人辦事放不下身段，只能是死要面子活受罪。

世上的人千奇百怪，你要想求人辦事，什麼人都可能遇上。有的人態度傲慢，架子奇大；有的人平易近人，和藹可親；有的人兩面三刀，當面把胸脯拍得砰砰響，過後卻無聲無息；有的人愛故弄玄虛，明明一個電話就可以搞定，他卻說這事十分難辦……

既然有求於人，就難免在別人面前自覺低人一等。「上山擒虎易，開口告人難」，當你不得不開口的時候，一定要硬著頭皮撐到底，這樣才能柳暗花明又一村。

厚黑求人術講究面厚心黑。厚黑大師李宗吾將厚黑學分為三種境界：第一種是「厚如城牆，黑如煤炭」，城牆雖厚，可用火炮轟破，煤炭雖黑，但顏色可憎，眾人不願接近它；第二種是「厚而硬，黑而亮」，同前一種相比雖有天壤之別，但畢竟有形有色，別人經過細心觀察便可看出蛛絲馬跡；第三種是「厚而無形，黑而無色」，進入「無聲無嗅，無形無色」之境界。臻於此境，就可以攻無不克、戰無不勝、銳不可當、所向披靡。

有些人在求人的時候總覺得不自在，感覺不好意思，心老是跳個不停，弄得雙方都難為情，最後以尷尬收場。其實，這主要就是心理障礙太大，只要領悟了「厚黑之道」，就可以輕鬆求人，達成你想辦的事。

# *Chapter 1*

## 死要面子活受罪：<br>都是「不好意思」惹的禍

人之初，性本「面」

人活一張臉，樹活一張皮

錯把面子當尊嚴

打腫臉也要充胖子

臉皮薄會害死貓

沒有金剛鑽，演砸瓷器活

## 人之初，性本「面」

中華民族對面子似乎有著過分的追求，「愛面子」也成了華人典型的文化性格。魯迅先生說：「面子是中國人的精神綱領，只要抓住這個，就像拔住了辮子一樣，全身都跟著走動了。」

「面子」到底是什麼呢？也沒什麼，其實就是角色期待，特別是自我角色期待的滿足。能夠以某種方式滿足自我的角色期待，就是有「面子」。

常言道：其他皆可丟，唯面子不可丟。從古至今，華人對於面子的追求無所不包，從官員到百姓，食、衣、住、行，這「面子眾生相」，在這裡演得淋漓盡致。

甲午戰爭前夕，慈禧太后為了籌備她六十歲生日的萬壽慶典，挪用巨額海軍經費修建頤和園及「三海」工程。中日甲午戰爭爆發以後，戶部奏請暫停頤和園工程，一些主戰派官員請求，節省開支，移作軍費。慈禧大怒，惡狠狠地說：「今天使我不高興的人，我也要使他一輩子不高興。」

慈禧在解釋用北洋水師軍費修建頤和園、慶祝大壽時說了這樣一番話：「尋常人家的老太太，六十大壽也要過得風光漂亮，這樣就會被鄰居看得起。」

「如果連我的生日都辦磕碜了，不但我的面子，朝廷的面子也沒地方擱！又怎麼體現我國河清海晏、國泰民安？這樣一來，不但洋人瞧不起，連老百姓也瞧不起！洋人瞧不起你，他就敢欺負你；老百姓瞧不起你，他就不服你，這樣就會出事兒，祖宗的基業就會毀於一旦！」

瞧瞧，慈禧的面子竟是如此「重於泰山」！

時至今日，越來越多的人，以更加眼花繚亂的方式，滿足更加離奇的「面子需求」：影視歌星因為自己是明星，就一定要比所有的人晚到會場；新人結婚時，一定要大擺筵席，豪華名車成排。

難怪林語堂先生曾經這樣評價華人：「有時好像爭臉是人生的第一要義，甚至傾家蕩產而為之，也不為過。」

一定得選最好的黃金地段，雇法國設計師！建就得建最高檔次的公寓，電梯直接入戶，戶型最小也得四百平米。什麼寬頻呀，光纜呀，衛星呀，能給他接的全給他接上。

樓上邊有花園兒，樓裡邊有游泳池，樓子裡站一個英國管家，戴假髮，特紳士的那種。業主一進門兒，甭管有事兒沒事兒都得跟人家說「May I help you, sir?」一口地道的英國倫敦腔兒，倍兒有面子！

社區裡再建一所貴族學校，教材用哈佛的。一年光學費就得幾萬美金。再建一所美國診所，二十四小時候診，就是一個字兒——貴！看感冒就得花個萬兒八千的。

周圍的鄰居不是開寶馬就是開賓士，你要是開一日本車呀，你都不好意思跟人家打招呼！

你說這樣的公寓，一平米你得賣多少錢？兩千美金那是成本，四千美金起，你別嫌貴還不打折。你得研究業主的購物心理，願意掏兩千美金買房的業主，根本不在乎再多掏兩千。

什麼叫成功人士你知道嗎？成功人士就是：買什麼東西都買最貴的，不買最好的。所以，我們做房地產的口號就是：不求最好，但求最貴！

馮小剛賀歲片《大腕》中的這段經典台詞，在令人捧腹之餘，也折射出許多人愛面子的心理。

為什麼華人那麼愛面子？從淺一點說，「面子」是給人台階下，但從深一點講，「面子」是一種相當具有分量的無形工具。面子代表了一個人的臉面，是自尊、利益等的代名詞，是華人自覺遵守的一種人際交往規則。

在我們的具體交往中，一個人有面子，或者得到面子，代表著這個人被社會和他人所認可、理解和尊重，這會讓他的內心得到巨大的滿足。

通常情況下，我們會把地位高、年紀大、擁有一定資歷及德行的人稱之為「老」，比如張老、王老。可千萬別小瞧這個「老」字，這不僅僅是尊重的表現，這裡面還有個面子問題。有這種資格的人，在某些問題上講句話或表個態，無疑是最有效果也是面子最大的。還是這個稱謂，如果把字調換一下位置，意義就不同了。把「王老」換成「老王」，效果也就截然不同了。

易中天說：「面子是咱們的寶貝，幾乎主宰著我們的日常生活。人際關係，要靠面子來維持與處理；社會生活，要靠面子來決定與操作。」

飯可以不吃，但面子不能不要，從小到大，父母就教育孩子要爭氣，好好學習，將來一定要比別人家的孩子強，好讓自己臉上有面子。

《圍城》中的主人公方鴻漸大學畢業後，在亡故未婚妻的父親資助下到西方留學，「四年中倒換了三個大學，倫敦、巴黎、柏林；興趣頗廣，心得全無，生活尤其懶散。」

既是到西方留學，就應該獲得博士學位才是。但是方鴻漸把學位看得很輕，認為學位是毫不實際的東西，到了歐洲也是在混日子。到了第四個年頭，準備回國了，在父親和「準岳父」的兩面夾攻下，他才意識到學位的重要性：學位「彷彿亞當、夏娃下身那片樹葉的功用，可以遮羞包醜；小小一張紙能把一個人的空疏、寡陋、愚笨都掩蓋起來」。

萬般無奈之下，他花三十美金買了一張「克萊登法商專門學校」的博士學位證書，「好比前清時代花錢捐個官，或英國殖民地商人向帝國府庫報銷幾萬鎊換個爵士頭銜，光耀門楣，也是孝子賢婿應有的承歡養志」，既滑稽又荒誕。

華人愛面子、好面子，由古至今從不肯割捨「面子情結」，這也是千年文化沉積下的奇葩一朵。難道面子真的那麼重要嗎？其實你認為它重要它就重要，認為它不重要它就不重要了，關鍵看你能否參透它，如果參透了，你就能在人際交往中無往不勝了。

## 人活一張臉，樹活一張皮

「頭可斷，髮型不能亂；血可流，皮鞋不能沒有油。」這句話講的就是一個面子問題。所謂「人為一口氣，佛為一炷香」，在很大程度上成為這些死要面子的人安身立命的心理動機。

愛面子本是人的一種天性，因為人生下來就有一定的虛榮心。《現代漢語詞典》對於「虛榮」一詞的解釋是：表面上的光彩。虛榮心，即指一個人借用外在的、表面的或他人的榮光來彌補自己內在的、實質的不足，以贏得別人和社會的注意和尊重。既然是「虛榮」，那就不是實實在在的，而是表象化的、曇花一現的榮耀。

虛榮心最大的危害，就是使人在追求目標時採取不切實際的、錯誤的手段，以致行為和目標走向偏離，鑄成大錯。

柏格森說：「虛榮心很難說是一種惡行，然而一切惡行都圍繞虛榮心而生，都不過是滿足虛榮心的手段。」

真是一語中的。

有資料顯示一般這樣的人很容易產生虛榮心：

1. 自尊心過強的人；
2. 私心過重的人；
3. 缺乏自信的人；

4. 處於特定文化環境中的人。

從某種意義上講，華人社會人際交往中注重「臉」和「面子」的文化傳統，在一定程度上刺激和強化了我們的虛榮心理。

為了爭這一份「可貴」的虛榮，有些人不顧自身條件，自我膨脹，愣是把面子吹大了，把有限的資源消耗在維護大面子上，而無暇顧及實質，虛胖的面子難以維持，就只好弄虛作假……於是，就出現「不蒸饅頭爭口氣」、「寧可傷身體，不肯傷感情」、「死要面子活受罪」等語句，落了個悲劇的下場。

從前有個書生，家裡一貧如洗，卻極其愛面子。

一天晚上，一個小偷摸到他家中，仔細搜尋了一番，卻沒有發現一件值錢的東西，便跺腳嘆道：「真是晦氣，我算碰到了真正的窮鬼！」

書生聽了大驚，趕緊從枕頭下面摸出僅有的幾文錢，雙手捧給小偷說：「您來得真不巧，我家只有這點錢了。但在別人面前，您可千萬不能張揚，給我留點面子啊！」

《孟子》中也有一個愛面子的故事，說的是一個齊國人，娶了兩個老婆。他在妻子面前總是炫耀自己在外面是多麼風光，經常跟大人物來往，且常常喝得醉醺醺地回家。

妻子問他：「你跟什麼人喝酒？」

他得意揚揚地回答：「都是些有錢有勢的大官。」

妻子告訴小妾說：「丈夫出去，總是吃飽喝足才回來，我問他都和誰一起吃飯，他說全是有錢有勢的人，但家裡不曾有富貴的人來，我想要偷偷地跟著他看看他到底去什麼地方。」

第二天早晨起來，等丈夫出門後，妻子悄悄地跟在他後面，幾乎走遍了全鎮，也沒發現一個達官顯貴同自己的丈夫說話。

後來，妻子跟隨丈夫來到了東郊的墓地，發現他向祭掃墳墓的人討要祭祀剩下的食物，不夠，又跟其他的人家去討要，這就是他填飽肚子的辦法。

妻子看了很生氣，回來告訴小妾，氣憤地說：「丈夫是我們仰望且依賴終生的人，現在他竟然這樣欺騙我們，還能指望他什麼呢？」兩人抱頭痛哭。

不要以為要面子的齊國人只出現在寓言故事中，其實在現實生活中，這樣的人也比比皆是。有些人即使債台高築，也要揮金如土。與他人比吃穿、比轎車、比住房、比待遇、比職位；辦紅白喜事時，講排場、擺闊氣；在生活中，大手大腳，借貸消費……其目的只有一個：就是希望他人將目光聚焦在自己身上。這種虛榮心腐蝕了人的正常心理，破壞了人的健康情緒，成為了性格中的一個毒瘤。

人們常說：「貧窮就像咳嗽，越想隱瞞，就越欲蓋彌彰。」因為窮而覺得自己沒面子，生怕別人說自己寒酸，這是可以理解的。壞就壞在有些人過於看重面子，勞心費力地把寒酸相掩蓋起來，結果反倒鬧出許多笑話，更加丟人現眼。

魯迅先生筆下的孔乙己便是這樣的人，身穿長衫，滿口之乎者也，自認為很有面子，但在人們的眼裡卻一無是處——

孔乙己是站著喝酒而穿長衫的唯一的人。他身材很高大；青白臉色，皺紋間時常夾些傷痕；一部亂蓬蓬的花白的鬍子。穿的雖然是長衫，可是又髒又破，似乎十多年沒有補，也沒有洗。他對人說話，總是滿口之乎者也，教人半懂不懂的……

為什麼要堅持穿長衫？現在的人很難理解，可是舊時的人都明白，因為穿不穿這件長衫，攸關面子問題。舊時的工薪階層、勞動人民，都穿短衣，固然為了縫製時省布，更是為了幹活時方便。而讀書人，進學應考，中舉入仕，基本都著長衫，顯得瀟灑倜儻，「座中泣下誰最多，江州司馬青衫濕」的「青衫」就是指讀書人的一襲長衫。

在孔乙己看來，長衫是一種光榮，是作為讀書人的光榮；長衫是一種驕傲，是擁有知識的驕傲。長衫已成了一種精神支柱，支撐著孔乙己在世態炎涼中掙扎著活下去。他一無家財，二無職業，可偏偏又好喝幾口酒。於是，抄書之餘，少不了在主人家順手牽羊，做些鼠盜狗竊的事，犯事之後，通常免不了挨打，這也是華人對於小偷小摸的常規懲罰——飽揍一頓以洩恨。

直到後來，孔乙己被人打斷了腿，終於連那剩下的架子也垮了。

## 錯把面子當尊嚴

在二〇一二年央視春晚上，郭冬臨的小品《面試》給人留下了很深刻的印象，特別是他被誤解後喊出的那句話：「我雖然很窮，但我有做人最起碼的底線和尊嚴！」

的確，人都是有尊嚴的，無論男人還是女人，無論老人還是孩子，無論地位高低。尊嚴是一種精神需要，是人格的內核。

海卡爾說：「人的尊嚴可以用一句話來概括：即他的信念……它比金錢、地位、權勢，甚至比生命都更有價值。」為了尊嚴，很多人往往會做出令人意想不到的事，為的就是能夠在別人面前抬得起頭，爭一口氣。

有一位默默無聞的青年畫家，租了一間狹小的房子，靠給人畫像維持生計。有一天，一個富人路過這裡，看見他畫技高超，便請他幫忙畫一幅像，雙方約好酬金是一萬元。

一個月後，畫像完成了，富人如約前來拿畫。來的路上，富人起了歹念，他心想：「畫中的人是我，如果我不買這幅畫，那麼，絕對沒有人會買。我又何必花那麼多的錢呢？」

打定主意之後，他告訴青年畫家，自己只願花一千元買這幅畫。青年畫家愣住了，他第一次碰到這樣的事，不知道如何是好。他費了很多口舌，希望富人能夠遵守合約，做個有信用的人。

「這幅畫我最多出價一千元，你不要再多說了。」富人認為他贏定了，「我最後問你一句，一千元，賣不賣？」

青年畫家眼看富人故意賴帳，心中悲憤難平，他語氣堅定地說：「不賣！這幅畫我寧可不賣，也不願意受這種侮辱。今天你毀約，總有一天，你會付出二十倍的代價。」

「笑話，二十倍，是二十萬呀！我才不會笨得花二十萬買這幅畫。」

「那咱們走著瞧！」青年畫家對悻悻離去的富人說。

這件事給青年畫家的打擊不小，他決定搬離這個地方，重新拜師學藝。

若干年後，他終於闖出一片自己的天地，成了一位知名的畫家。而那個失信的富人呢？他早將這件事淡忘了。

有一天，富人的一個朋友找到他說：「真是太奇怪了！前兩天我去參觀一位知名藝術家的畫展，其中有一幅標價二十萬的畫，畫中的人居然跟你長得一模一樣。更有趣的是，這幅畫的標題竟然是《賊》。」

好像被人當頭打了一棒，幾十年前的事情在他眼前一下子浮現出來。他立刻連夜趕去找畫家，向他道歉，並且花了二十萬買回了那幅畫像。

正是憑藉著一股永不服輸的勇氣，青年畫家獲得了自己曾經失去的尊嚴。

知道這位畫家是誰嗎？他就是蜚聲世界的畢卡索。

維護尊嚴是人的本能和天性，每個人都渴望得到別人的尊重，如果一個人連尊嚴都可以放棄，那麼即使他得到了全世界，也不會被人們尊敬。

毛姆曾說過：「我願為維護我的尊嚴而放棄我所擁有的一切，包括我的生命。」尊嚴猶如一面旗幟，它可以超越地位尊卑、家庭貧富、能力大小等世俗塵念；尊嚴是一股力量，它足以化腐朽為神奇，變恥辱為光榮。

可是現實生活中，有很多人卻以為面子等同於尊嚴。其實，這是兩個容易混淆卻不能畫等號的概念。面子是淺層次的心理需求，尊嚴反映的則是深層次的人格定位；面子是外表的，尊嚴是內在的；面子是讓別人看的，尊嚴是給自己留的；面子是隨時能放下的道具，尊嚴是永不毀滅的精神；面子是皮，尊嚴卻是骨頭。

在當下的語境中，「尊嚴」變成了一個很大的詞，而且歧義頗多。有些人對於「尊嚴」的理解就是：辦事不用求人，到哪都是ＶＩＰ，一張嘴就有麥克風往前遞。其實，這是特權，絕非尊嚴。對特權的追求，恰恰是沒有尊嚴的人才拚命去做的事。

從表面上看，「臉」和「面」這兩個漢字的意義是相通的，比如「洗面」和「洗臉」。但在「臉面」這個詞中，「面」和「臉」卻存在著較大的差異。「臉」是指道德法則下的判斷，如罵某人「不要臉」，而「面」則更多包含著權力的意味。這就揭示了愛面子的一個心理動機，即炫耀權力的慾望。

事實上，人與人之間的感情都是從「幫個小忙」開始的。能夠在某種程度上幫助別人，並得到別人的感激與稱讚，我們會十分快樂。因為，我們在幫助他人時，滿足了自己的自尊心。

我們往往不想見那些給予自己太多恩惠的人，因為在接受恩惠時，無形中我們的自尊心受到了傷害。

郭冬臨表演的小品《有事你說話》中的主人公，就是一個錯把面子當尊嚴的活寶。他分明買不到難買的臥鋪票，但為了逞能、有面子，甘願冒著嚴寒通宵排隊幫別人買票，甚至不惜高價買黃牛票，只為換得別人誇自己「面子大」。妻子要揭他的老底，他大有要與妻子翻臉的樣子。

錯把面子當尊嚴，強要面子，死要面子，只會讓別人更加看不起你。很多人覺得有了面子就有了尊嚴，所以不免自欺欺人或鉤心鬥角一番，甚至鋌而走險、以身試法，演繹出一場又一場的鬧劇和悲劇。

有些人卻不這麼認為，他們對於尊嚴的理解，是平等，有了平等才有尊嚴。別人能搞定的事，我搞不定，不是我沒有面子，而是社會不平等，所以要爭的是平等而不是面子。

松下幸之助說：「我想一個人的尊嚴，並不在於他能賺多少錢，或獲得了什麼社會地位，而在於能不能發揮他的專長，過有意義的生活。一百個人不能都做同樣的事，各有不同的生活方式。生活雖不同，可是發揮自己的天分與專長，並使自己陶醉在這種喜悅之中，與社會大眾共用，在奉獻中，領悟出自己的人生價值，這是現代人普遍期望的。」

## 打腫臉也要充胖子

現今，很多餐館的桌子上都會放一個紙巾盒。吃完飯順手拉一張紙巾，將嘴一抹，似乎成了必不可少的一個環節。若是缺了這個環節，便會感覺彆扭、不舒服，跟早晨沒刷牙一樣。

在古代，食物缺乏，往往是粗茶淡飯，油水很少，所以哪家偶爾吃了一頓葷腥，人們捨不得將嘴上的油花抹去，而是留在嘴上，至少也要抹在袖子上，出門可以充門面，嘴上冒油，袖口、衣襟油光閃亮，這才算有面子。

辛亥革命之後，許多八旗子弟失掉了昔日的特權，雖然受過教育，卻無法謀生，許多人家計赤貧，可是他們仍然要保住貴族的尊嚴。相傳，那時的很多八旗人明明都已無米下鍋了，卻還死要面子，他們家的門背後往往掛著一塊肉皮，出門前抹抹嘴，然後提著鳥籠哼著小曲出門了。人家若是問起：「吃了嗎？」八旗大爺一挺胸，大聲回答：「這幾天吃肉都吃膩了，看，嘴上直冒油，出來蹓躂蹓躂，化化肚子裡的積食。」

清末著名小說家吳趼人在《二十年目睹之怪現狀》裡，描寫了一個破落旗人窮困潦倒，卻還要裝樣子，在眾目睽睽之下淪為笑柄的故事：

有一天，高升到了茶館裡，看見一個旗人進來泡茶，卻是自己帶的茶葉，打開了紙包，把茶葉盡情放在碗裡。那堂上的人道：「茶葉怕少了吧？」

那旗人哼了一聲：「你哪裡懂得！我這個是大西洋紅毛法蘭西來的上好龍井茶，只要這麼三、四片就夠了。」

高升聽了，以為奇怪，走過去看看，他那茶碗裡間，漂著三、四片茶葉，就是平常吃的香片茶。那一碗泡茶的水，莫說沒有紅色，連黃也不曾黃一黃，竟是一碗白冷冷的開水。高升心中，已是暗暗好笑。

後來又看見他在腰裡掏出兩個京錢來，買了一個燒餅，在那裡撕著吃，細細咀嚼，像很有味的光景，吃了一個多時辰，方才吃完。忽然又伸出一個指頭，蘸些唾沫，在桌上寫字，蘸一口，寫一筆。

高升心中很以為奇，暗想這個人何以用功到如此，在茶館裡還背臨古帖呢！細細留心去看他寫什麼字。原來，他哪裡是寫字，只因他吃燒餅時，雖然吃得十分小心，餅上的芝麻總不免有些掉在桌上，他要拿舌頭舐了、拿手掃來吃了，恐怕教人家看見不好看，失了架子，所以在那裡假裝著寫字蘸來吃。

看他寫了半天字，桌上的芝麻一顆也沒有了。他又忽然在那裡出神，像想什麼似的，想了一會，忽然又像醒悟過來似的，把桌子狠狠地一拍，又蘸了唾沫去寫字。你說為什麼呢？原來他吃燒餅的時候，有兩顆芝麻掉在桌子縫裡，任憑他怎樣蘸唾沫寫字，總寫不到嘴裡，所以他故意裝作忘記，又忽然醒悟的樣子，把桌子拍一拍，那芝麻被震了出來，他再假裝寫字，自然就到嘴裡了。

不管是古代還是現代，我們都會看到一些「死要面子活受罪」之人，他們極其要強，寧願身受苦，也不讓臉面受損。面子關係著他們的身家性命，所以爭面子也叫爭臉，爭不到至少要保住，保不住就是丟臉。丟臉的事盡量要壓下去，這叫「家醜不可外揚」。

「面子」是我們心理上的沉重包袱，看似薄薄的情面，有時卻有難言的苦衷。賽先生的經歷就很有代表性：

一日，賽先生和侄兒去購物，見著需要的東西，大家都想買。侄兒剛開始工作，生活拮据，自然沒錢可掏了，賽先生亦不想再做冤大頭，就沒有如往昔般積極付帳。

銷售員機警：「一看您就是有錢、有地位的人，那點小錢您還在意……」

一句話噎得賽先生半天喘不過氣來，儘管要花五百多塊錢，但為顯示自己有義氣，也只好把手緩緩地伸向錢包。

有時朋友相聚，賽先生一向不勝酒力，但朋友一句「這點面子也不給嗎」，他便一飲而盡。幾輪下來，稍有推辭就被說成是沒有酒品，這多失面子呀，於是乎，他牙一咬，心一橫，又是一個乾杯，大有「風蕭蕭兮易水寒，壯士一去兮不復返」之勢，回家後卻頭重腳輕，痛苦不堪。

朋友有事相求，賽先生明知在自己能力之外，但朋友一句「咱倆什麼交情，這點面子你能不給」，便頭昏腦脹，滿口答應。最後只能求爺爺、告奶奶，事辦成了，人才輕鬆大半。

我們重視面子，有時到了不可理喻的程度。愛面子無可厚非，但是爭面子要通過正當的手法，否則只會遭人唾棄。

魯迅說：「每一種身分，就是一種『面子』，也就是所謂的『臉』。這『臉』有一條界線，如果落到這線的下面去了，即失了面子，也叫作『丟臉』。」

據說貝殼機在亞洲流行的原因就與亞洲人愛面子有關係。歐美人直率坦誠，因此愛用「直來直去」的常規型手機；而亞洲人喜歡「繞彎子」，喜歡做「背後功夫」，因此更喜歡折疊的貝殼機。《青年參考》的一段言論也說：貝殼機在開合時會發出一聲脆響，容易引起旁人的關注，所以更有面子。

面子不僅影響到人們的消費方式，還影響到了人們的理財，更重要的是，面子還影響到人們的職業生涯，甚至決定了一個人的命運。

愛面子的人很奇妙，可以吃悶虧，可以吃暗虧，但就是不能吃「沒有面子」的虧。可是這種「死要面子」給人們帶來了什麼？一個字——累！

成功之路原本坎坷，何必再給自己套上面子的枷鎖負重而行？放下面子方是做人、做事的智慧選擇。

# 臉皮薄會害死貓

古語中有句話：士可殺不可辱。在古代戰爭中，每位將士被俘虜後遭到敵人的戲弄時最喜歡說的正是「士可殺不可辱」。如果你羞辱我，那麼我活著沒面子，還不如死去。俘虜們為了面子而選擇死亡，這種行為本是高貴的。

項羽在鴻門宴上礙於各方的「面子」，陶醉於「尊嚴」之中，最後在甕中捉鱉的條件下放掉了最危險的敵人；戰敗之後，他本可以乘坐漁船逃回江東，但超強的「面子情結」，使他沒有勇氣去面對和重組往日的部下，脆弱的心理素質使其失去了東山再起的信心，留下「縱江東父兄憐而王我，我何面目見之」的千古之恨！

《水滸傳》中寫到武松上景陽岡打虎前有一段細節描寫：

> 武松讀了印信榜文，方知有虎。欲待發步再回酒店裡來，尋思道：「我回去時，須吃他恥笑，不是好漢，難以轉去。」想了一回，說道：「怕什麼鳥！且只顧上去，看怎地！」

武松「明知山有虎，偏向虎山行」，不是因為他不怕死，只因他上山前跟店老闆誇下海口，礙於面子，他只好硬著頭皮蠻幹下去。但武松是幸運的，他僥倖把虎打死，從而一舉成名，既保住了面子，又獲得了名聲。

愛面子，往好的方面發展，乃是重視榮譽的表現；若往壞的方面發展，則是愛慕虛榮；若是愛面子愛到了不要命的地步，那就是本末倒置。

林語堂先生在《吾國吾民》一書中認為，「講面子」是華人社會普遍存在的一種民族心理，面子觀念的驅動，反映了華人自尊與尊重他人的情感需要，但過分地愛面子就會形成一種異化心理，如果任其演化下去，終將得不償失。

春秋戰國時，齊國有三個勇士，一個叫田開疆，一個叫公孫接，一個叫古冶子，號稱「齊國三傑」。這三個人皆勇武異常，深受齊景公的寵愛，但他們卻恃功自傲。當時田氏的勢力越來越大，直接威脅著齊國國君的統治，而田開疆正屬於田氏宗族。相國晏嬰擔心「三傑」為田氏效力而危害國家，屢諫景公除掉「三傑」，然而景公愛惜勇士，一直沒有表態。

適逢魯昭公訪問齊國，齊景公設宴款待。魯國由叔孫蠻執禮儀，齊國由晏嬰執禮儀，君臣四人坐在堂上，「三傑」佩劍立於堂下，態度十分傲慢。

晏嬰心生一計，決定乘機除掉這三個心腹之患。

當兩位君主酒至半酣時，晏嬰說：「園中桃子已經熟了，摘幾個請二位國君嘗嘗鮮吧？」齊景公大悅，傳令派人去摘。晏嬰忙說：「金桃很難得，還是臣親自去吧。」

片刻之後，晏嬰端著六個碩大新鮮、香氣撲鼻的桃子回來了。

齊景公問：「就摘了這幾個嗎？」

晏嬰說：「還有幾個沒太熟，只摘了這六個。」說完恭恭敬敬地獻給魯昭公和齊景公一人一個桃子。

魯昭公邊吃邊誇獎桃味甘美。

景公說：「這桃子實在難得，叔孫大夫天下聞名，當吃一個。」

叔孫蠟謙讓道：「我哪裡趕得上晏相國呢？相國內修國政，外服諸侯，功勞最大。這個桃子應該他吃。」

齊景公見二人爭執不下，便說道：「既然二位謙讓，那就每人飲酒一杯，食桃一個吧！」兩位大臣謝過齊景公，把桃吃了。

這時，盤中還剩下兩個桃子。晏嬰說：「請君王傳令群臣，誰的功勞大，誰就吃桃，如何？」

齊景公同意，於是傳令下去。

話音剛落，公孫接率先走了過來，拍著胸膛說：「有一次我隨國君打獵，突然從林中躥出一隻猛虎，是我衝上去，用盡平生之力將虎打死，救了國君。如此大功，還不應該吃個金桃嗎？」

晏嬰說：「冒死救主，功比泰山，可賜酒一杯，桃一個。」

公孫接飲酒食桃，站在一旁，十分得意。

古冶子見狀，厲聲喝道：「打死一隻老虎有什麼稀奇！當年我送國君過黃河時，一隻大黿興風作浪，咬住了國君的馬腿，一下子把馬拖到急流中去了。是我跳進洶湧的河中，捨命殺死了大黿，保住了國君的性命。像這樣的功勞，該不該吃個桃子？」

景公說：「當時黃河波濤洶湧，要不是將軍斬鼉除怪，我的命早就沒了。這是蓋世奇功，理應吃桃。」

晏嬰忙把剩下的一個桃子送給了古治子。

一旁的田開疆眼看桃子分完了，急得大喊大叫：「當年我奉命討伐徐國，出生入死，斬其名將，俘虜徐兵五千餘人，嚇得徐國國君俯首稱臣，就連鄰近的郯國和莒國也望風歸附。如此大功，難道就不能吃個桃子嗎？」

晏嬰忙說：「田將軍的功勞當然高出公孫接和古治子二位，然而桃子已經沒有了，只好等樹上的桃子熟了再請您嘗。先喝酒吧。」

田開疆手按劍把，氣呼呼地說：「打虎、殺鼉有什麼了不起。我南征北戰，出生入死，反而吃不到桃子。在兩位國君面前受到這樣的羞辱，我還有什麼面目站在朝廷之上呢？」說罷，竟揮劍自刎了。

公孫接大驚，也拔出劍來，說道：「我因小功而吃桃，田將軍功大倒吃不到。我還有什麼臉面活在世上？」說罷也自殺了。

古治子沉不住氣了，大喊道：「我們三人結為兄弟，誓同生死，親如骨肉，如今他兩人已死，我如何苟活，於心何安？」說完，也拔劍自刎了。

魯昭公目睹此景，目瞪口呆，半天才站起身來，說道：「我聽說這三位將軍都有萬夫不當之勇，可惜為了一個桃子都死了。」

齊景公長嘆了一聲，沉默不語。

這時，晏嬰不慌不忙地說：「他們都是有勇無謀的匹夫。智勇雙全、是當將相之任的，我國就有數十人，這等武夫莽漢，那就更多了。少幾個這樣的人也沒什麼了不起，各位不必介意，請繼續飲酒吧！」

這就是「二桃殺三士」的故事，後來，景公按武士的葬禮安葬了他們，葬於都城南，墓稱「三士塚」。

王安石的《寄吳沖卿》詩中有一句「虛名終自誤」，發人深省。人追求榮譽，無可厚非，但應該分清是什麼樣的榮譽，是名實相符的，還是盛名之下其實難符，後者不僅徒累自身，還可能招致災禍。

在老百姓最日常的語言裡，有很多對「死要面子活受罪」的尖銳批評：「屎殼郎趴鐵軌——愣裝硬骨頭」、「兔子拉磨——硬充大耳朵驢」、「驢糞蛋子表面光」、「繡花枕頭——中看不中用」、「金玉在外，敗絮其中」……總之，死要面子的人看似很光鮮，其實那光鮮下邊卻是一層淺薄，讓他們活活受罪。因為他們的性格和心靈中，沒有那種需要長期積累沉澱下來的真正高貴的修養和品味。

## 沒有金剛鑽，演砸瓷器活

在日常生活中，我們常能聽到一句話：沒有金剛鑽，別攬瓷器活。這句話的意思是幹什麼事都得有點自知之明，如果不自量力硬要去幹，把事情搞砸了不說，還把自己給牽連了進去，划不來。

張藝謀的電影《我的父親母親》中有這樣一組鏡頭——年輕的招娣捧著一只裝著餃子的青花瓷碗，狂奔十幾里追趕帶走駱老師的車子。人跌倒，碗破了，餃子散了，絕望的她在風中哭喊……後來，招娣的母親請了位鋦碗匠，將那只破碗補好了。鋦碗匠用的那個小鑽頭，就是人們常說的「金剛鑽」。別看它小，那可是這個行當賴以生存的主要工具，是世上已知的最硬的物質，沒有它，不要說鑽孔，就是在瓷器上劃一道痕，你也休想。

笛安在美國普林斯頓大學讀書，每個月有六百美元作為生活費。按照常理來說，這應該是綽綽有餘了，可是對於笛安來說卻遠遠不夠，因為每次同學邀請她參加生日派對，她總是不好意思說「不」。

一天，笛安的姑媽來學校看望她，並邀請她去學校外面吃飯。實際上，可憐的笛安身上只剩下五十美元，離月底還有好幾天，但是她怎樣也無法拒絕姑媽的好意。

笛安知道一家合適的小速食店，在那裡，每人花上十美元就可以吃頓很豐盛的午飯，這樣的話，用剩下的錢她就可以勉強維持到月底了。

笛安領著姑媽朝那家速食店的方向走去，突然姑媽指著馬路對面一家高檔的咖啡廳，很興奮地告訴笛安說：「那家咖啡廳相當不錯，在那裡享受午餐肯定是一個不錯的選擇。」

「好的，如果您比較喜歡那家咖啡廳的話，我也非常樂意。」笛安微笑著說。是的，她總不能對姑媽說「我的錢剩得不多了，咱們還是去那家檔次比較低的速食店吧」。

漂亮的女侍者拿過來一份製作精美的菜單，姑媽認認真真地看了一遍說：「妳認為這份菜怎麼樣？好像是這家店的特色菜哦！」

笛安看了一眼，原來那是一道小牛肉配鵝肝，而且是菜單上最貴的：二十美元。笛安點了點頭，隨即給自己點了一道這裡最便宜的菜，只須要花上十美元就可以了。然後她在心裡默默地念道：「還剩下二十美元，不，十九美元，因為還要給那個女侍者一美元的小費呢！但是，沒有關係，只要稍微借那麼一點就可以堅持到月底了。」

「兩位女士，還需要點什麼嗎？」侍者又一次走了過來，「給您推薦一道煙燻鮭魚，這是我們店裡的招牌菜，而且價錢也不貴，二十美元就可以了。」

「可以嗎？」姑媽看著笛安問道。笛安又一次無可奈何地點了點頭。

結帳的時候，笛安在盤子裡放上了她僅剩的五十美元，已經沒有多餘的錢給侍者作為小費了。

「這是妳全部的錢？」姑媽看了看盤子裡零零碎碎的錢，又看了看笛安。

「是的，姑媽。」

「妳真是一個懂事的孩子啊，竟然用全部的錢來請我吃了這麼一頓豐盛的午餐，我很感動，孩子。可是，妳真是太傻了啊！」

笛安沒有說話。

「孩子，我問妳，在所有的文字當中，妳認為哪個字最難說？」

「我不知道。」

「是『不』字！而當妳慢慢長大，妳必須學會說這個字。其實，我早就知道妳已經沒有足夠的錢來這家咖啡廳吃一餐了，可是，我還是來了，並且一直在點最貴的菜。在這個過程當中，我一直在觀察妳的表情——可憐的孩子啊，從始至終，妳都不知道說一個『不』字，應該長點教訓了啊，我的笛安！」不用說，最後這頓飯錢是姑媽付的，而且她還給了笛安六十美元當作禮物。

「知道嗎？笛安，今天的午餐差點要撐死妳的姑媽了。」姑媽接著說：「其實，一般來說，我的午餐僅僅是一小塊麵包而已，最多再加上一杯牛奶。」

每個人的收入水準不同，所以消費能力也不同。如果因為想要在別人面前不丟面子而硬攬「瓷器活」，那麼，最後受委屈、遭尷尬的還是你自己，別人誰也替代不了的。

# 別讓不好意思害了你

華人最怕被人看不起，所以處處要爭面子，有時候明明一個月工資都不夠養活自己，還死要面子，非得勒緊褲腰帶與人比闊。其實，我們應該展現最真實的自己，對力不能及的事可以瀟灑地說一聲「不」，而不必戴著面具生活。如果只是一味地要面子，那麼到頭來只能是自食苦果。

# *Chapter 2*

## 你可以說「不」：<br>拒絕老闆的「不好意思」

朝九晚五，不是朝五晚九：拒絕無償加班

我不是「義工」：拒絕分外事

當忠誠已成往事：拒絕當老闆的替死鬼

我不是陪酒妹：拒絕成為交際花

這種事不能忍，更不能等：
拒絕上司性騷擾

別和上司走得太近：拒絕職場零距離

## 朝九晚五，不是朝五晚九：拒絕無償加班

「世界上最痛苦的是什麼？」

「加班！」

「比加班更痛苦的是什麼？」

「天天加班！」

「比天天加班更痛苦的是什麼？」

「天天無償加班！」

「不在加班中病態，就在加班中變態。」

「八小時內無法完成自己的工作——無能！公司給了你八小時內根本無法完成的工作——無情！覺得加班可以獲得上司更好的印象——無知！也沒什麼事，反正下班就不想走——無聊！白天不工作，就為蹭加班費——無恥！真的遇到無情的公司只好加班——無奈！也沒有加班費，就是想加班，不加班的話，吃白米飯都會過敏——無話可說！」

這些關於加班的看似戲言和怨言的說法，在調侃之餘，也真實地反映了職場人的生活和工作現狀，因為加班已經成為他們生活中的必要組成部分。

現如今，城市的生活節奏越來越快，人們的壓力也越來越大。在一座座高級辦公大樓裡面工作的白領們，卻要為這些負面效應買單。當「朝九晚五」變成「朝五晚九」時，很多人漸漸

感覺麻木不仁、精神渙散、前途渺茫。

林青拖著疲憊的身軀回到住處時，已經是午夜十二點了。屋子已經有近一個月沒有好好打掃了，到處都是一次性餐盒和作廢的設計圖。

林青找來掃帚胡亂掃了掃，感覺有些頭暈，便躺在沙發上。沙發上堆滿了衣服，他抱起一團堆在左邊沙發上的衣服，順勢扔到右邊的沙發上，頓時右邊沙發上的衣服又高出了一大截，沙發上終於有了一個空位。林青艱難地把自己塞進去，手握遙控器，隨便選了一個節目。在他看來，躺在軟軟的沙發上，悠閒地看十幾分鐘偶像劇，就是一天中最悠閒的一刻。

電視上花花綠綠的圖案在林青腦子裡打轉，他漸漸地快睡著了。忽然一陣急促的手機鈴聲響起，剎那間林青心頭一緊——又來工作了。

果然，是老闆打來的電話。今天遞交的方案有很多地方不夠完善，需要修改，明天早上直接交給客戶。林青揉揉眼睛坐到了電腦前，白光藍光在他臉上晃著，鍵盤聲響個不停，他感覺自己像個特工。

「外企的工資不是好賺的。」林青常常這樣心有感觸地說。從五年前在這家公司做實習生開始，加班就成了家常便飯。

剛開始，他還經常自我安慰，認為自己多做一點事情，就能有更多的業績，從而多一份得到上級賞識的機會。於是，他把加班當成員工必須要付出的代價。順理成章地，林青因為表現優秀而成功度過試用期，成為極少數留下來的實習生之一。

可是，當林青認為自己成為正式員工，終於可以享受朝九晚五的合理待遇時，加班的問題接踵而至。按時下班對他來說幾乎是奢望。因為加班，林青多次推掉了和朋友的小聚，搞得朋友們說他比總理還要忙。

一次，在下班回家的路上，林青在公車上睡著了，他作了一個夢，夢見自己變成終日生活在轉輪裡的倉鼠，拚命蹬腳，就為了拿到懸掛在輪子外面的那一塊乳酪，但無論輪子蹬得多快，牠都無法吃到近在眼前的乳酪。

國外有一項研究顯示，超時工作應被列入心臟病的風險因素。研究人員發現，每天比其他同事工作時間更長的上班族，心臟病危險係數明顯更高。

越來越多的人覺得，生命中比工作更重要的事情還有很多，特別是一些年輕的白領在工作中累死或猝死的事件頻頻發生以後，長時間工作的人不再被視為英雄，反而被看作不懂生活的人。那些曉得如何拒絕長時間工作的人，將是未來的上司人物，因為他們看得更長遠。

事實上，拒絕加班，並不是和老闆公然對抗，而是用更為智慧的方式來爭取自身的利益。想要拒絕加班，全權分配自己工作之外的作息時間，就需要學會下面幾招：

### ◎編造理由法

當你遇到明明週一可以搞定，上司非要你週末來加班的情況時，你可以這樣拒絕：「經理，這個週末我親戚要來看我，真的不能來加班。不過您放心，所有的資料都已經備齊了，下週一下午我就可以把報告做完。客戶週三才到，我還有一天半的時間可以覆核審查，保證沒有問題！」

上司通常不需要知道你的工作過程如何，只想看到結果。如果你對他作了這樣的保證，那麼他當然不會再表示反對。

不過請注意，你的這份承諾也就意味著給了他一個可以接受的最後期限，倘若下週一下班前你沒有搞定報告，或即使做完，內容卻十分糟糕，那麼你將會失去上司的信任，屆時恐怕永遠都不需要加班了。

## ◎提前準備法

利用每天下午下班之前的一兩個小時，向老闆詢問有沒有臨時的工作安排。你可以這樣說：「老闆，我今天想要準點下班，請問您這裡有需要臨時處理的文件嗎？」

如此，不但讓老闆覺得自己得到了應有的尊重，而且在維護你「準點下班」這一權利的同時，留下了可以協商的餘地。

在詢問的時候，一定要堅持住自己的立場，千萬不能使用商量的語氣，如「老闆，我今天可以不加班嗎」，這樣往往會招致否定的回答，還會讓自己在老闆的心目中留下一個好吃懶做的印象。

### ◎義正詞嚴法

若你在上司眼中並不算優秀員工，而只是個私生活時間較少、可以隨時拿來蹂躪的「軟柿子」，那就請你直接告訴對方：「對不起，我今天恐怕無法加班。畢竟我也有自己的家人和朋友，需要有自己的生活空間。而且加班時數已經遠遠超過其他同事，因此我今天拒絕加班。」

當然，這一招所帶來的風險就是，你很有可能「炒了老闆的魷魚」。所以，若非身處嚴格照章辦事的大公司，這一招還是少用為妙。

### ◎嫁禍於人法

如果上司非常需要找幫手來解他的燃眉之急，而你又有十萬火急的事情要處理，你不妨給自己找個替死鬼：「不過我知道，阿強這個月一次班都沒有加過，而且最近他事情比較少，如果您真的要找人加班，我推薦阿強。」

可口可樂總裁曾說：「我們每個人都像小丑，玩著五個球，五個球是你的工作、健康、家庭、朋友、靈魂。這五個球只有一個是用橡膠做的，掉下去會彈起來，那就是工作。另外四個球都是用玻璃做的，掉了，就碎了。」

現在，請你靜下心來想想，你有多久沒有和三五知己一起說話談心了？你有多久沒有陪愛人逛街了？你有多久沒有陪年邁的父母吃頓飯了？

所以，拒絕那些額外的加班吧，下班時間就放下工作，回去多接近和善待那些真正對你很重要的人，因為他們記得的不是你在工作上的成就，不是你的升職加薪，而是和你相處的歡樂時光。

## 我不是「義工」：拒絕分外事

老闆的快遞到了，但老闆不在，簽還是不簽？同事休假卻正好有他不得不去完成的工作，幫不幫他頂一把？要給客戶演示的PPT似乎不夠好看，需不需要順手美化一下？或者是在重要會議上，某個同事陷入尷尬，要不要幫他解圍？

在職場上，諸如此類的分外事隨時都在發生，做還是不做？

一些員工每天都忙忙碌碌，但他並沒有做出什麼很出色的成績，這是為什麼呢？其中有一個很重要的原因就是他們不懂得拒絕，大事小事統統全包，不分先後，不知道做好協調，只要別人一開口，他就會忙前忙後地忘了更重要的事情，「撿了芝麻，丟了西瓜」。

陳莉去年大學畢業之後，應聘到一家服裝外貿公司上班，公司除了老闆之外，還有十來個同事，有財務，也有文書，所以陳莉想，作為一個外貿員，做好自己的業務開發工作就行了，工作職責應該是分明的。

可惜辦公室的職責並不是那麼涇渭分明的，上班不到一個月，陳莉就發現問題接踵而至。

先是有一天，她不小心把水杯打翻了，在擦桌子、拿拖把拖地時，被老闆看到了，老闆以為她在打掃，先笑咪咪地表揚她：「小陳就是勤快！」接著吩咐：「待會兒順便也幫我整理一下辦公桌吧。」

陳莉愣了一下，考慮到當著那麼多同事的面，不好意思拒絕，就乖乖地應承了。結果，隔三差五，這差事就落到了她的頭上。幸好，頻率並不是太高。

接著是有一天，陳莉看同事做報價表時，Excel操作得不太熟練，於是好心去教了一下；另一個同事收到的客戶文件打不開，她又好心幫忙下載了個軟體。於是，大家都開始認為她是個電腦高手，有了電腦方面的問題就叫「陳莉——」

後來，單位的電腦壞了，需要重裝系統，老闆把她叫去：「快快快，給我修一下！」陳莉想，這樣下去還了得，裝著一臉為難地說：「這個，我以前也沒做過，不知道怎麼弄。」結果，老闆立刻說：「沒事的，我相信妳一定能行的！妳這麼聰明，就算不會，看看說明書也就會了。」

以前，公司裡接到不明來電找老闆，有的同事隨口就報出老闆的電話，結果老闆被一些推銷人員弄得煩不勝煩；有的同事則一概回絕說不知道，結果丟掉了一些潛在的客戶或資源。陳莉接到此類電話後，會用技巧過濾一下，把有用的資訊轉告給老闆。時間長了，老闆索性吩咐其他同事，遇到這種情況就把陳莉的電話報給對方，就說陳莉是他的秘書。於是，陳莉發現自己大部分時間都花在跟這些人周旋上，弄得自己的工作做得斷斷續續的。

凱威是一家保險公司的業務員。有一天，他和客戶約好在一家茶樓裡談業務，他用盡渾身解數給這位客戶介紹了業務內容，但是這位客戶好像意願不大，心不在焉地喝著可樂，似乎根本就沒有聽進去。

凱威知道他是做電腦硬體銷售的，而凱威在大學學的就是電腦，他就轉移話題，大談當今電腦硬體在市場上遇到的普遍問題，結果把對方的興趣提了上來，最後兩個人約定下個星期再見面，正式簽單。

凱威非常興奮，到了那天，早早地準備好相關的材料，然而這時手機響了，他的上司說有個多年沒有聯繫上的大學同學要來，讓凱威幫忙去機場接一下。凱威覺得這是上司交代的事，自己應該幫忙，於是就答應了。

由於塞車，等他從機場回來，客戶早就走了，他痛失了一單千辛萬苦才談下來的保單。

當上司一塊一塊往你身上加磚時，他並不是不知道磚的分量，只是覺得把工作交給一個老實又不懂拒絕的人最省心。不過可別夢想他日後會關照你，恰恰相反，他會把好處留給那些會哭會鬧的人。

每個人的能力不同，所以能承受的工作強度也不盡相同。老闆給你指派任務時，你一定要先弄清楚這是不是自己的分內事，不要盲目地接受隨時分派下來的指令，否則你只會在一陣手忙腳亂之後，才發現其實你把這份工作做得一團糟。

拒絕上司有多種方式，身在職場的你應該怎樣拒絕才能既不傷和氣，又能準確地讓老闆明白你的意思呢？

◎永遠不要當眾拒絕

當眾拒絕老闆的重大弊端有三：一是暴露自己的狂妄自大，不把上司放在眼裡；二是容易引起上司的反感；三是會被上司雞蛋裡挑骨頭，自己臉上亦無光。

◎拒絕之前先給上司一頂高帽

可以先讚揚上司是如何通情達理、善解人意，然後才把拒絕說出口。這樣，上司心裡舒服，又不會駁回你的拒絕。

◎把你不這麼做的原因說出來

首先表明自己對這項工作的重視，表明自己願意接受的心情，然後再說明自己的遺憾，說明自己為什麼不能接受，比如：「我有件緊急工作，必須在這兩天趕出來。」充足的理由、誠懇的態度一定能贏得上司的理解。

注意，在陳述理由的時候，一定要以公司為主，表現出你的拒絕完全是出於工作考慮。

◎拖延時間

絕對不要在第一時間說ＮＯ，如果這是一件你不願意做的事，暗中拖延也許是最好的拒絕辦法。

◎一味拒絕並不可取

如果你拒絕的理由冠冕堂皇，但是上司仍堅持非你不行，這時，你便不能一味地拒絕，否則，上司可能會以為你是在推辭，從而懷疑你的工作幹勁和能力，以致失去對你的信任，在以後的工作中，有意無意地使你與機會失之交臂。

運用這些方法，你一定能進一步贏得上司的理解和信任，也會為以後的工作鋪一條平坦的大道，因為上司也是和你一樣普普通通、有血有肉、有感情的人。你用溫和的態度對他，他也會用溫和的態度對待你。

## 當忠誠已成往事：拒絕當老闆的替死鬼

老闆和員工之間，簡單來說就是雇用與被雇用的關係。可是很多老闆很容易犯主觀主義錯誤，容易把不該讓下屬做的事當作應該讓下屬做的事，容易把無理要求當成分內要求。

在職場上，很多人都會遭遇老闆提出的無理要求。有的人選擇默默接受，而有的人選擇斷然拒絕。當然，對好老闆來說，你的拒絕可能彰顯了你的原則性；不過，若是遇上了一個不講理的老闆，他可能會因你的拒絕而遷怒於你。

小英大學畢業沒多久就拿到了全國註冊會計師的資格，她躊躇滿志地來到了台北，意欲大幹一番，以證明自己的人生價值。

很快小英就在台北的一家公司找到工作。初上班，老闆就對她格外器重，得知小英還沒找到地方住，就一再邀請小英去他家居住。小英要求到公司宿舍去住，老闆說公司宿舍已經滿員了，等有空床位就會馬上通知她。

單純的小英見盛情難卻，只好答應先住兩天。

上班的時候，小英只要一和公司同事單獨相處，老闆就會把她叫進辦公室，問她同事們都向她說了什麼，並說那些員工都很壞，要小英不要和他們來往。

工作了一段時間以後，小英瞭解到公司的宿舍都是兩室一廳，其中一個宿舍現在只住著一個員工，公司的人都叫她李姐。小英一再要求到公司宿舍住，但老闆說李姐心眼小，容不下人，要小英等她搬走後再去住。可小英發現李姐人很隨和，也知書達禮，並不像老闆描述的那樣。

半個月後，老闆又叫她到辦公室，問她生活和工作上的情況。小英回答說老闆對她這麼好，她一定會好好做事的。老闆又閒扯了些事，話鋒一轉，又問她去年註冊考試成績考得怎樣。小英說不錯啊，老闆就嘆息了一聲，說他工作忙，連考試都沒有時間，問小英今年可不可以代他參加考試。小英頭皮一陣發麻，心想那不是作弊嗎，被查出來怎麼辦？老闆一再安慰她說不會被發現的，他以人格擔保。小英無奈，只好說容她考慮一下。

後來，李姐搬出宿舍，小英又提出到宿舍住，這次老闆同意了，並讓小英複習。小英考慮了很久，還是拒絕了老闆的要求。在拒絕的時候，小英想起老闆平時對她不錯，心裡還是有些內疚。

第二天一上班，小英就看到老闆的臉色不好，對她的態度更是一百八十度大轉彎。下午，老闆叫小英到他辦公室，說了些「公司廟小，容不下妳這尊大佛」之類的話。小英知道自己被炒魷魚了。

當上司要求你做違法的事或違背良心的事時，你該怎麼辦？你可以平靜地解釋你對他的要求感到不安，也可以堅定地對上司說：「你可以解雇我，但我不能這樣做。」如果你幸運，老闆會自知理虧並知難而退，否則，你可能真的會被辭退，就像上文中的小英那樣。但假若你不能堅持自身的價值觀，不能堅持一定的準則，那麼只會迷失自己，最終還是會影響工作，以致斷送自己的前途。

小羅畢業於台北某明星大學，畢業後一直留在台北工作。他忠厚老實，工作一向很認真，可是他不懂得討好上司，也不懂得和同事建立交情，所以一直沒有機會升遷，待在公司七年多，仍然是一名基層人員，領著餓不死卻也存不了錢的死薪水。

一次同學聚會，小羅看到很多人都開了轎車，有了自己的事業，有些憤憤不平。席間，有同學問他為什麼不辭職創業，小羅說是為了報恩。

原來剛進公司不久，小羅就意外出了車禍，被撞斷了腿。手頭拮据的小羅沒錢付醫療費，是慷慨的老闆幫忙墊付的。後來他打定主意，一定要報答老闆的恩情。

二〇〇三年，台灣遭遇SARS，這使得人們談「刹」色變，只要一有疑似病例，就會隔離周圍很多人。小羅所在公司的老闆想趁此機會報復競爭對手，他找來了對自己忠心耿耿的小羅，讓他向防治中心打電話，謊稱競爭對手那家公司裡疑似有多名SARS患者。小羅也沒有多加考慮，認為老闆既然說了，就要遵照執行，於是，他打了這個電話。

就因為這個電話，對方公司不得不放假很長一段時間，而且很多人都被隔離觀察，最後，才發現不是那麼回事。當時的情況很嚴重，醫務人員的工作也很嚴峻，出現了這種情況，給衛生單位和很多相關人員造成很大的困擾，嚴重影響社會秩序，所以，警方經過調查，查到了小羅那裡。

他在警方審訊人員的強大攻勢下，交代自己是受老闆指使。可是，這時老闆卻說自己並不知道這件事，更沒有指使小羅打電話，假如他要事先知道小羅幹這樣的蠢事，一定會嚴厲制止他的行為。就這樣，小羅對老闆盲目服從，最後只能是引火焚身，毀掉了前程。

把老闆的事當作自己的事來做，這是非常荒唐的。卸磨殺驢的故事我們聽得太多了，可生活中還是沒有多少人引以為戒。所有的老闆都需要忠心耿耿的員工，可並不是所有忠心耿耿的員工都有好前程。如果把企業比作是一條船，老闆就是船長，員工是水手，甚至只是一名乘客。一旦船承受不了這麼多重量時，老闆第一個想的就是把你扔進海裡。

士為知己者死。曹沫之於魯莊公，專諸之於伍子胥，荊軻之於太子丹，諸葛亮之於劉玄德，多少古代的仁人俠士因為這句話不避生死？而今天，這種「風蕭蕭兮易水寒」式的慷慨悲歌，除了能在電影中找到一鱗半爪外，似乎已經絕跡，留下的只有士為知己者「裝死」的笑話了。

世事如棋，變幻不定，職場亦如此。在一個快速變化著的職場江湖裡，員工忠誠的對象到底應該是誰，這是一個非常模糊的概念。那麼，老闆是你的忠誠對象嗎？市場經濟，競爭激烈，說到底，老闆與員工之間不過是契約關係、利益關係罷了。我掙你一份薪水，你剝削我的剩餘價值，也就是互相利用。人一走，茶就涼，哪裡有什麼義氣可言？

當然，有時候或許也能碰上一兩個賞識你的老闆，跟你推心置腹、以哥們相稱。但你千萬別以為這就是把你當生死之交了，他不過是看中了你身上的某一點特徵，可以為他帶來更多的利潤！

這個世界上沒有無緣無故的愛，也就沒有無緣無故的忠誠。如果說今天還有什麼值得我們以忠誠相待的話，那應該是對自己人生計劃的忠誠，把它規劃好，並為之負責，「當你回首往事的時候，不會因虛度年華而悔恨，也不會因碌碌無為而羞恥」，這樣就夠了。

## 我不是陪酒妹：拒絕成為交際花

公司有應酬，特別是來客大都是男人的時候，上司就時常會想到把公司的女人拉去作陪。上司最喜歡喊兩種女人「陪酒」：一種是不一定長得漂亮，但絕對能喝，可以讓男人招架不住；另一種則是不一定能喝，但長得漂亮，這樣酒桌上就多了興奮點，喝不好酒也不會讓人覺得無趣。

在這家設計公司，季雅已經工作了整整五年。在這五年內，季雅一直默默無聞，兢兢業業地做著瑣碎繁雜的分內業務。

一次偶然，上司領員工們去了一家大酒店聚餐，席間，男同事屢屢向女職員「挑釁」拚酒，季雅看不過眼，就替她們多擋了幾杯，幾個回合下來，整個酒桌就沒幾個清醒的了。季雅的海量給上司留下了深刻印象，沒想到的是，這一特長竟改變了季雅原本平靜安寧的生活。

那天中午，季雅正要下樓到餐廳就餐，上司把她叫住了，說中午公司要宴請一個大客戶，他的意思簡單明瞭：讓季雅來作陪。

季雅心想：壞了，都是那天拚酒惹的禍。無奈之下，她只好一同前往。

漸漸地，季雅成了公司裡有名的「交際花」，因為她是最漂亮的單身女孩，酒量又好。這種應酬最直接的後果，是季雅經常被一些真心或假意的男人騷擾。而且上司還發話：「這是重要客戶，不要得罪他們。」很多時候，季雅都忍著，不知道該如何拒絕上司，該如何拒絕客戶。

一次，季雅在酒桌上認識了一位三十多歲的「鑽石王老五」，「王老五」似乎看季雅很順眼，頻頻向季雅發出私約邀請。出於不得罪的規矩，季雅隨叫必到。漸漸地，「王老五」的愛情攻勢更加猛烈，由於在工作上有求於人，季雅不禁進退兩難。有一天，「王老五」讓季雅表態，季雅告訴他自己已經有男朋友了，但是「王老五」知道她在說謊，依舊沒有死心。

季雅想來想去，決定要和上司好好談談。她對上司說：「首先，我不是交際花，如果工作需要我出席某種場合，那麼我可以去，但是像這樣的騷擾我不希望有，我希望您能尊重我的隱私，不要將我的私人情況告訴給客戶。其次，這段時間我很累，想好好休息一下，請給我三天假期，讓我好好清靜一下。」

上司看了看季雅，微笑著說：「對不起。」

很多時候，我們疲於應對各種名目的酒會，最終卻忽略了自己身體的承受能力。直到身體出現警告時，才後悔當初的行為，豈不為時已晚？

量力而為是我們都懂的道理。明明是難以完成的任務，只因是上司的委託，不得不接下來，這樣就顯得過於軟弱了。縱使是平時對自己不錯的上司委託的事，但如果做不到，你也應很明確地表示，說：「對不起，我做不到。」

但如何拒絕，又不至於把上司得罪？這就得用點心計，才能少受罪或不受罪。針對各種不同的情況，有這樣幾個屢試不爽的辦法：

**◎三十六計走為上**

如果你事先對酒局有所預料，便事先對上司說有事，找機會腳底抹油溜之大吉，並在上司最可能找你的時候關掉手機。這樣，不知者不為怪。上司追問，講明事因，並說手機沒電了，自然可以遮過。

**◎金蟬脫殼**

萬一無法逃走，那就索性坐下來，裝不舒服，但也不顯出要走的樣子。等開席飲酒時，先喝一大口，然後裝著極不舒服大口吐出來弄髒桌椅，並稱近日自己身體極不舒服。上司見桌椅弄髒，自然覺得敗興，但又不好怪你。你這時提出要去看醫生或是去休息，上司當然不會再留你。

**◎虛張聲勢**

如果是上司事先就囑咐過了的，你臨時找事由要走，會讓上司覺得你不顧大局，說不定會惹惱上司。這時，可以先爽快答應。背後，打電話給自己的家人或是死黨，讓他們在酒宴未開始時，打一通電話過來，稱家裡有什麼急事，這樣當著上司和客人的面，讓上司弄清是怎麼一回事，然後，十萬火急地請求離開。

**◎無中生有**

平常準備一份體檢證明，管它是誰的，把名字改成自己的即可。只要是關於這「炎」那「症」的，這「高」那「低」的，鄭重其事在上司面前掏出來，說明自己不能沾酒的原因。沒有人會讓你拖著病懨懨的身體去參加酒會的，等你如此說過之後，有心的上司還會專門來家裡看望你。

**◎先發制人**

平常就有事沒事當著上司的面表示自己最討厭吃吃喝喝的那一套了，並對其他公司應酬之事表示不屑，這樣上司一想到你的態度，道不同不相為謀，就不願喊你去陪酒了。

## 這種事不能忍，更不能等：拒絕上司性騷擾

對大多數上班族來說，女性職員和男上司接觸的機會很多。如果妳聰慧、出色、敬業，很得他的賞識，這自然是好事。可是，男女之間的關係畢竟是微妙的，如果妳的上司妄圖窺探妳昨晚和誰共度春宵，或者用貌似不經意的口吻提到他現在極其厭煩回家面對他的黃臉婆時，那麼他的言行已經越界了。

一些擁有一定權力的男上級，雖然已經有了老婆，但還會向女下屬播撒情種，有些女士會

憤而遞交辭呈。這種辦法很消極，畢竟找到一個好工作不容易，為這些完全可以避免的事情丟棄一切，太不值得了。

有什麼辦法能拒絕上司的騷擾呢？會說話的女人要懂得巧妙地拒絕，既不傷對方面子，也給自己留有餘地。

小梅和小芳同在一個公司工作，她們兩個都是漂亮的女孩，小梅性格剛直，小芳聰明靈巧，而她們的經理是一個好色之徒，經常對一些女員工動手動腳。

小梅遭到劉經理的騷擾時氣憤地說：「我不是輕浮的人，請你別這樣。」劉經理真的不再對她動手動腳，但不久，小梅便從辦公室被調到工廠工作去了。

小芳對於劉經理的不懷好意是這樣說的：「我知道您是和我開玩笑，但我才不會相信呢！大家都知道您是個人格高尚的人，我們都很尊重您。」

劉經理就坡下驢說：「哈哈，我剛才真是跟妳開玩笑的，我想試試妳是不是值得信任，現在我放心了，剛才的事，希望妳就當作沒發生過。同時，妳一定要注意，咱們公司有幾個心術不正的人，別上當啊！」從此以後，小芳便再沒遇到過類似的情況。

在職場中，難免遇到品行低劣的上司，為維護人格的尊嚴，拒絕上司的無理要求，需要動動腦筋，不可強硬頂撞。很多人沒有勇氣拒絕上司，覺得自己找工作很不容易，所以應該忍氣吞聲。其實，這種想法很錯誤。儘管員工在職位上低於上司，但在人格上卻應是獨立和平等的，並不隸屬於上司，也不應不分善惡是非一切都得服從上司。

在《杜拉拉升職記》中，杜拉拉的老闆阿發對公司年輕貌美的女職員垂涎欲滴，他通常會叫女職員單獨留下，先拍拍肩膀做慈愛狀，接著送給她一張五星級酒店的常住卡，然後道出自己當過黑社會小弟的歷史，並露出胸前的刀疤讓女職員摸。

曾被騷擾的女同事琳達勸杜拉拉：「這種事妳要麼忍，要麼等，等更年輕漂亮的女職員進公司。」

不過，面對上司的性騷擾，杜拉拉堅信「這種事不能忍，更不能等」。

有這樣一個場景：杜拉拉的經理出去接個電話，杜拉拉坐下來看一份傳真，忽然感覺老闆阿發拿腳在摩挲她的腳背。正是夏天，杜拉拉沒有穿襪子光腳穿著涼鞋，她渾身一激靈，感覺像有隻又濕又冷的肥老鼠爬過她的腳背。杜拉拉把腳抽回來假笑道：「胡總，不好意思，我亂伸腳碰到您了。」

面對騷擾，杜拉拉的態度很明確，心平氣和又巧妙地表達出自己拒絕騷擾的態度，不傷和氣，又能使老闆知難而退，化解職場上的尷尬。

每個職場女性都想保住飯碗，得到上司的欣賞，但又須提防過度「欣賞」。如何才能逃出男上司權力的魔爪，做到智勇雙全，既能保住自己，又不至於失去工作呢？

◎用嚴謹端莊的著裝和言行樹立規矩的正派女孩形象

在工作期間，女下屬要注意自身的形象，穿著不要太暴露、太性感，行為舉止不能太輕浮、輕佻。意志力弱的男人，在受到穿著暴露的女人的刺激後，容易胡思亂想、想入非非。

◎堅決拒絕曖昧空間

切記，別有事沒事往上司辦公室跑，如果的確有事向上司彙報或請示，踏入上司辦公室時，別隨手關門，讓辦公室大門敞開，別給上司留有性騷擾的機會。

下班了，盡早回家，別單獨與上司出去吃飯、喝茶、聊天，當兩個男女出現在單獨的空間裡，如果再加上昏暗的燈光、柔和的音樂，在這種曖昧的環境裡，極容易產生性騷擾。

◎主動反擊

當男上司藉故邀約，對女下屬圖謀不軌時，女下屬不妨在男上司面前漫不經意地說一句：「你太太……」或者想辦法與上司的太太成為朋友。

這樣的話，即使男上司吃了豹子膽，也不敢再輕舉妄動了。

◎不要接受上司的禮物

上司經常出差，回來時，給家人朋友帶點禮物是正常的，也難保不會給下屬買點什麼。不過，不要來者不拒，更不要欣喜笑納，拿上司的貴重禮物通常不會帶來好的影響。

某公司的文書小娜，很得老總的喜歡。一次老總出差前，問她：「妳喜歡什麼，我順便給妳帶回來。」

小娜說：「難得老總垂愛，我缺個皮包，你看到就買吧。」

老總回來時，真的給她買了一個皮包。小娜喜形於色，天天背在肩上。

室友見了問她：「小娜，皮包很好看啊，在哪買的？」

小娜說是別人送的。室友問：「是誰，男朋友吧？」

小娜眉角一挑，得意地說：「不，是老總。」

這一下，室友驚呆了，羨慕的同時，也忍不住背後嘀咕：「看來小娜已經和老總關係不一般了……」

## ◎別洩露個人隱私

在上司面前，不要談及自己的感情與婚姻，尤其不能向上司傾訴老公的種種不是，否則上司會以為妳在向他暗示，向他暗送秋波。這樣，上司接到錯誤的信號，極容易發生性騷擾。

平時應在向妳有騷擾舉動的上司面前多誇誇自己的老公與孩子，向他表明妳的婚姻很幸福，家庭很完美，沒有出現裂痕，別想把腳伸過來。

同時，在職場上，見上司就要打招呼，並帶上他的職務，時刻向他提醒您是上司，請您注意上司的形象。

既要尊嚴，又要工作，面對辦公室騷擾時，不妨多角度思考，多琢磨些對策，解決事情時就可顧全大局，又能保護好自己。要謹記，逃避及沉默都不是解決之道。

## 別和上司走得太近：拒絕職場零距離

在外資企業中流行著一句名言：「老闆可以經常拍你的肩膀，但你永遠別拍老闆的肩膀。」

的確，不論什麼時候，上司就是上司，即使你們的關係很不一般，也不意味著對他可以沒有敬畏和恭維。然而，我們卻往往因為和上司走得很近，就忽視了這一點，從而影響了自己的職業發展。

年前從某外企辭職之後，王薔的心情陷入了極度鬱悶中。說來也是，王薔自從研究生畢業後進入那家外企以來，近十年的時間她在這家公司一路走來，可謂「春風得意馬蹄疾」。

王薔和她的上司張女士非常合得來，不光在工作上珠聯璧合，就是愛好也驚人地相似。比如她們喜歡用同一牌子的化妝品，喜歡酒吧，喜歡看電影……為此兩個人在一起的時間也就多一些。

有一次，兩人不約而同地穿了一件不同款式卻絕對風情萬種的春衫，她們在更衣室相遇，嬉笑著互罵彼此是妖精，於是王薔私下裡就稱張女士「老妖精」，張女士也樂著回一句「小妖精」。

辦公室本是多事之地，她們的親密自然招致了別人的非議。張女士從此留了心，她想慢慢疏遠和王薔的距離，可是王薔卻沒有意識到這點。

一天，張女士在自己的辦公室裡接待一位客戶，王薔敲門後進來，以為沒有別人就衝著她問：「嗨，老妖精，今天晚上去看電影怎麼樣？我弄到了兩張票。」

張女士的臉色立刻很不自然，只說了一句：「妳瘋瘋癲癲的像什麼樣子？這是在辦公室。」王薔這才發現在那張寬大的黑色沙發裡，坐著一個穿黑風衣的瘦小老頭。

幾天之後，年終獎公布，王薔沒有拿到一分錢。看著同事們在背後不斷地指指點點，王薔自知是難在這家公司繼續待下去了，於是便遞了辭職信，形單影隻地拿著自己的東西離開了公司。

可見，與老闆的親密關係不一定會成為自己的保護傘，相反，有時會給自己帶來負面影響，想必這是王薔在當初走近張女士時所沒有料到的。

在冷風瑟瑟的冬日裡，有兩隻困倦的刺蝟想要相擁取暖休息。無奈的是雙方的身上都有刺，牠們無論怎麼調整睡姿也睡不安穩，但分開又冷得受不了。經過反反覆覆折騰，兩隻刺蝟終於通過自己的努力找到了一個合適的距離，既能互相取暖，又不至於刺到對方，於是舒服地睡著了。

這就是有名的「刺蝟理論」：距離太近，就會刺傷對方；距離太遠，就會感到寒冷。

一般來講，人與人密切相處當然不是一件壞事，否則怎麼會有「親密的戰友」、「親密的夥伴」、「如膠似漆的伴侶」等詞語呢？但任何事情都不能過分，過分就易走向極端。在現實生活中，這種「親則疏」的現象是較為普遍的，這大概也可算作一條交際規律。因此，朋友之間不可以過密，上下級之間不可以過親，否則就會給彼此帶來傷害。

有句話叫「久別勝新婚」，講的是夫妻之間不必成天耳鬢廝磨，適度的分別更能增添夫妻生活的情趣。如果有一個時期過分親熱，將來一定有一個時期會特別疏遠。要避免將來的不幸，還是現在不要過分親熱。「人情淡始長」、「友如畫梅須求淡」，說的就是這個道理。

推而廣之，在日常交往中，交際雙方表現出過分的親密或糾纏不清，有時也會讓人感到彆扭。

「當您在月台候車時，請勿跨越黃色警戒線以免受罰。」相信每個搭過捷運的人都聽過這句話，在與上司的互動中也是如此，千萬不可越過這條黃色的線。

「一朝天子一朝臣」，上司或老總的變動，不可避免地會波及下屬的職位，新任管理層一般會在人事上來個「大換血」，尤其是在你的舊上司非正常離職的前提下。如果你在別人的印象裡是他的人，那麼，這時也許你該作好走人的準備了。

以下是和你的上司保持距離的五個小訣竅：

1. 減少單獨在一起的時間，比如吃飯、逛街、去俱樂部、一起回家等。

2. 減少開玩笑的機會和次數，頻繁的玩笑會讓別人以為你們的關係已是非常親密。

3. 不要牽扯到上司的生活裡，如果他經常需要你幫忙做一些私事，最好還是找個站得住腳的理由，巧妙回絕為佳。

4. 不要在上司的辦公室裡一談就是半天，哪怕是為了工作，以免給他人留下「你是他的心腹」的印象。

5. 瞭解上司的主要意圖和主張，但不要顯得對他每一個行動和措施的意圖瞭若指掌。不然會使他感到，你的眼睛太亮了，什麼事都瞞不過你，那麼他工作起來就會覺得很不方便。

世界上最難控制的距離，既不是與仇人的距離，也不是與戀人的距離，而是與老闆的距離——這既要有良好的公事溝通，又要保持互不侵犯私生活的原則。這樣的安全距離，你能做到嗎？

# *Chapter 3*

## 我不是哆啦A夢：<br>拒絕同事的「不好意思」

沒有金剛鑽，不攬瓷器活：<br>拒絕能力以外的幫忙

拿人手短，吃人嘴軟：<br>拒絕別有用心的禮物

我不是你的私人銀行：拒絕借錢不還

我不是長舌婦：拒絕流言蜚語

瓜田李下閒話多：拒絕辦公室曖昧

從此不做月光族：拒絕頻繁聚會

不被人情套牢：拒絕保險推銷

## 沒有金剛鑽，不攬瓷器活：拒絕能力以外的幫忙

在工作和生活中，人們難免都會有託人辦事的時候，同樣地，別人也會託你辦事。聰明的人總會誠懇地把自己融入別人的生活，常常給予別人善意的幫助，同時也使自己快樂和充實；愚蠢的人卻無視這一點，只知道拚命而冷漠地從別人那裡索取自己需要的東西。《論語．顏淵》裡說：「君子成人之美，不成人之惡，小人反是。」成人之美，就是幫助別人達成願望。愛默生曾經說過：「人生最美麗的補償之一就是自己真誠地幫助了別人之後，別人也真誠地幫助了自己。」所以，不要以為自己不需要別人的說明，也不要以為自己太過渺小，根本就沒有任何可幫助別人的地方。

二戰時，在一場激烈的戰鬥中，上尉忽然發現一架敵機向陣地俯衝下來。照常理，發現敵機俯衝時要毫不猶豫地臥倒。可上尉並沒有立刻臥倒，他發現離他四、五米遠處有一個小戰士還站在那。他顧不上多想，一個飛身將小戰士緊緊地壓在身下。一聲巨響，飛濺起來的泥土紛紛落在他們的身上。上尉拍拍身上的塵土，回頭一看，頓時驚呆了：剛才自己所處的那個位置被炸成了一個大坑。

愛出者愛返，福往者福來。當我們把別人腳下的絆腳石搬開時，或許正好給自己鋪平了道

路。你幫助了別人，在恰當的時候，別人對你的苦難也不會袖手旁觀，他們也一定會對你鼎力相助。可是，生活中我們往往碰到這樣的人：他們為了使別人對自己有個好印象，或為了保全自己的面子，對對方提出的一些要求不加分析地全盤接受。

三國時的蔣幹就是這樣一個人。他自以為了不起，認為自己的口才可以與春秋戰國時聯橫合縱的雄辯天才相比。他向曹操自薦去說服周瑜投降，而且信心十足，青衣小帽，再加一個書僮，一葉扁舟就去見周瑜。

周瑜也不是省油的燈，年紀輕輕便能統率百萬軍隊，不是一個同窗的說客就可以動搖的。蔣幹來到周瑜的兵營，連三句半都沒說上，就被周瑜玩得團團轉，最後帶回的密信讓曹操上了當，使魏國損失了兩員大將。

人要有自知之明，所以，哪怕是幫最好的朋友辦事，也要量力而行，切不可打腫臉充胖子。自己最應該瞭解自己的能力，能吃幾碗飯，能幹多少事。蔣幹就是太自不量力，事沒辦好不說，居然還上了人家的當。辦不了的事就是辦不了，朋友之所以來找你，就因為他也辦不成，別為你幫不上別人的忙而不好受，與其搞砸了事情，還不如讓他另請高明。

然而，拒絕別人的要求並不是件容易的事。日本一所「說話技巧」大學的一位教授說：「央求人固然是一件難事，然而當別人央求你，你又不得不拒絕的時候，亦是教人頭痛萬分的。因為每一個人都有自尊心，希望得到別人的重視，同時又不希望別人不愉快，因而，就難以說出拒絕之話了。」

的確，在承諾與拒絕兩者之間，承諾容易而拒絕困難，這是誰都有過的經歷。怎樣拒絕別人又不得罪他、不惡化相互關係呢？這需要一定的技巧。

## ◎拒絕，但不使人尷尬

有人會發此疑問：當我們在朋友面前，被逼得非答應不可，而又明知這事不該答應時該怎樣？人際關係學家告訴我們：「我們需要在聆聽別人陳述和請求完畢之後，輕輕搖搖頭，而態度並不需要很強烈。」

輕輕搖頭，代表了否定，別人一看見你搖頭，知道你已拒絕，接著你可以從容說出拒絕的理由，使別人易於接受。

## ◎訴說不為人知的背後故事

當前或許你的經濟狀況高於他人，或許你的社會地位高於他人，但是並不表示這一切都是你不勞而獲。人們往往看到的是人前的光鮮，卻不知道人後的辛酸。所以，在朋友求你辦事的時候，你不妨把隱藏起來的往事拿出來與之分享。一番談話之後，他自然就會明白一個道理，那就是沒有人會隨隨便便成功，也沒有人能完全依靠別人成功。所以，他自然就會打消求人的念頭。

## ◎運用幽默拒絕他人

著名作家錢鍾書先生非常幽默，常常妙語連珠。有一次，在婉拒一位英國女士慕名求見時，他說：「假如吃了雞蛋已覺得不錯，何必還要認識那下蛋的母雞呢？」

還有一次，在謝絕了一筆高額酬金後，錢老莞爾一笑：「我都姓了一輩子『錢』了，難道還迷信錢嗎？」

實業家王光英在飛赴香港創辦光大實業公司的時候，剛下飛機，就遇到一位香港記者上前發問：「先生，請問您這次帶了多少錢來？」

王光英見是一位女記者，遲疑了一下，然後便答道：「對女士不能問歲數，對男士不能問錢數，小姐，妳說對嗎？」

女記者聞聽此話，自知語失，無言以對。

幽默的回答，在拒絕他人時，有著獨特的優勢，它不僅能用幽默的語言反駁對方的錯誤觀點或無理要求，而且不傷及對方的面子，不會損傷彼此的感情，是人們在社交中經常採用的方法。

## ◎授人以魚不如授人以漁

一時脫離了困境，不代表永世不用再去受苦受難。授人以魚不如授人以漁，你可以引導並且教會他一些做事的方法與技巧，讓他嘗試著從零開始。如此一來，你教會他的是永世不會枯竭的技術，而不是暫時用以充饑的大餅。

總之，沒有金剛鑽，就別攬瓷器活，如果單單是為了爭面子，而不惜一切誇大自己的實力，最終將會嘗到苦果。

拿破崙說：「我從不輕易承諾，因為承諾會變成不可自拔的錯誤。」如果辦不成此事，就要學會拒絕，礙於情面答應或隨便誇下海口都是得不償失的。

## 拿人手短，吃人嘴軟：拒絕別有用心的禮物

「拿人手短，吃人嘴軟」的意思就是接受了別人的好處，吃了別人的東西，辦事時便會因感覺理虧而給予照顧、有所偏私。句中的「短」字是由其本義「缺點、短處」引申出來的「理不直、氣不壯」的意思。

春秋時期，魯國的相國由公儀休擔任。他這個人別的嗜好沒有，就是特別喜歡吃魚，於是那些想要巴結他的人便不斷地送魚給他。但是公儀休對於他們的禮物一概不接受。家裡的下人便問他：「先生這麼喜歡吃魚，為什麼不接受別人送的禮？」

公儀休義正詞嚴地說：「正因為我喜愛吃魚，所以才不接受他們的饋贈。如果我接受了別人的魚，在以後的辦事過程中就一定要遷就別人，這樣就會歪曲法律、執法犯法，有被罷黜的危險。如果我被罷免，即使再喜愛吃魚，這些人也一定不會送魚給我了，而我那時自己也沒有

能力去買魚了。如果我不接受魚，就不會徇私枉法，這樣就不會被免職，不免職，即使愛魚的嗜好一輩子不變，也能長期靠自己的薪俸來買魚吃。」

這就是「拿人手短，吃人嘴軟」的出處。

現代人的生活離不開社交活動，這些形形色色的活動必定會涉及人情，而人情債是世界上最難償還的一筆債，人活一世不欠人情，那是不可能的。

所以如果欠了人情，就要留點神，最起碼要給自己留點後路，別讓人情成為你做事的負擔。

跟古人相比，現代人的生活速度已提高許多，請朋友辦事的概率也大大提高。假如一個並不經常來往的朋友某一天忽然攜重禮登門，你可千萬別覺得奇怪，他定是有事求你來了。如果送禮之人是善意的，你大可以表示謝意並接受它；如果送禮之人不懷好意，就需要用到拒絕的藝術了。

三國時期的華歆在孫權手下時，名聲很大，曹操知道後，便請皇帝下詔讓華歆進京。華歆起程的時候，親朋好友千餘人前來相送，贈送了他幾百兩黃金和禮物。華歆不想接受這些禮物，但他想，如果當面謝絕肯定會使朋友們掃興，傷害大家的感情，於是他便來者不拒，先將禮物統統收下來，並在上面一一記下送禮人的名字，以便原物奉還。

後來華歆設宴款待眾多朋友，酒宴即將結束的時候，他站起來對朋友們說：「我本來不想拒絕各位的好意，只是沒想到收到這麼多的禮物。但是，匹夫無罪，懷璧其罪。我單車遠行，有這麼多貴重之物在身，諸位想想我是否有點太過危險了呢？」

朋友們聽出了華歆的意思，知道他不想收下禮物，又不好明說，使大家都沒面子，他們心裡對華歆的敬意油然而生，便各自取回了自己的東西。

假使華歆當面謝絕朋友們的饋贈，試想千餘人，不知道要推卻到什麼時候，也不知要費多少口舌，搞得大家都很掃興，使彼此都非常尷尬。而華歆卻只說了幾句話便推卻了眾人的禮物，又沒有傷害大家的感情，還贏得了眾人的歎服，真可謂一箭多雕。

華歆為什麼能夠成功地謝絕饋贈呢？

這主要是因為華歆注意保全朋友們的面子，他在拒絕朋友時，沒有坦言相告，而是找了一個危害自身安全的理由。雖然朋友們也知道他是在故意推辭，但也不會以此為意，因為華歆委婉的拒絕並沒有讓他們丟面子，也沒有令他們跌身分。

俗話說：「官不打送禮的。」就是說在送禮人面前，再嚴厲的官也不好意思板下臉來訓人。生活中，經常會出現這樣的情況，人家送禮，可是自己不能收，或者不方便收，那麼該怎麼辦呢？其實，拒絕收禮也要注意分寸，講究禮儀。

### ◎婉言相告

受贈人應該採用委婉的、不失禮貌的語言，向贈送者暗示自己難以接受對方的禮品。比如，當一位男士約一位小姐去看電影，女士在回絕時可以這麼說：「最近我正在學習英語，實在是沒有時間。」

### ◎直截了當

你可以當場予以回絕，直截了當地說明自己難以接受的原因。態度要誠懇，立場要鮮明，柔中見剛，使送禮者沒有迴旋餘地。例如：「這件禮物過於親暱了，我們之間的關係不允許我接受這樣的禮物。」如果對方堅持要你收下禮物，那他就太無禮了，你只須說「我已經跟你解釋清楚了」或「我仍然不想接受任何禮物」。

### ◎以案例示人

送禮之人往往無所不用其極，總是借親情、友情、老鄉感情等理由進行掩蓋，讓人不好意思拒絕。遇到這種情況時，不妨旁敲側擊，舉一些案例作為「擋箭牌」：「我們有規定，接受現金饋贈一律按受賄處理，某某人就是因為收禮而丟了位子，雖然咱們是好朋友，但還是很難避嫌，千萬不能在關鍵時刻讓人誤會。」

### ◎事後歸還

華人好面子，帶來的東西你不收，他覺得是你不給面子，瞧不起他；你再讓他帶回去，那就更是有損尊嚴了。因此，可以採用事後退還法加以處理。但一定要注意別破壞包裝，如果其中包括一些易壞的食品，最好能買點新鮮的送回去，或者以價值相當的禮物回贈給人家。但要注意的是，退還禮品的時間不要拖延過久，最好在二十四小時之內。

## 我不是你的私人銀行：拒絕借錢不還

曾經在網上看到過這樣一個測試：一個關係較為密切的朋友，先借了你一筆錢，到了該還錢的時候，不僅沒還，還又來借錢，說下次兩筆一起還。在這種情況下，你該如何做呢？有四個選項：

A. 催討前債，跟他翻臉；

B. 象徵性借一點，如果對方還不了，也能承受；

C. 要求對方寫借據，限期還錢；

D. 考慮對方可能有難處，先借給他。

有四千餘人參與了這項調查。其中38％的人選擇了D，理由是「雖然不太想借，但也不好意思拒絕」；36％的人選擇了B，理由是「寧願吃啞巴虧，也不好駁人面子」；20％的人選擇了C；只有6％的人選擇了A。

可見，當朋友借某件東西時，我們通常不會拒絕，一是礙於人情，二是不想給自己留下小氣摳門的壞名聲。一旦朋友、熟人向你借某樣東西時，一句「你還信不過我」就能讓你傾囊相助，事後卻又後悔不迭。

楊凌和林嵐同在一個廣告公司，兩人既是同事又是好朋友，諸事都會結伴而行，情同姐妹。一休息日，林嵐打電話給楊凌說她下個星期要主持一個盛大的產品發布會，需要一條比較正式的長裙，要楊凌陪她去商場選購服裝。

逛遍了大大小小的商場之後，她們進了一家價格絕對令人腿軟的品牌店。訓練有素的店員看出了林嵐這個雙眼放光的中年女人絕對不會只是一個「觀光客」，於是迅速拿出一條華美的宴會長裙，價格令人咋舌。

「楊凌，我身上的現金不夠，妳有沒有帶信用卡？」林嵐眨著塗了厚厚的睫毛膏的雙眼對楊凌小聲地問道。通過長時間的接觸，楊凌知道林嵐是找個理由就燒「錢」的人，但是礙於朋友的面子，也只能將信用卡遞給了林嵐。

兩個月過去了，雖然兩人天天抬頭不見低頭見，可林嵐卻像沒事人似的，完全忘記了刷卡的事。有一次，兩人在電梯裡相遇時，楊凌終於忍不住了，迂迴地問道：「林嵐，怎麼不見妳穿上次我陪妳買的那件裙子？」

「別提了，我老公說那件裙子太土氣，我後來發現的確不是很適合我。」林嵐依然眨著塗了睫毛膏的雙眼若無其事地說道。

楊凌愣愣地望著林嵐，半晌才反應過來一件事——欠債人的記憶突然「短路」了。

莎士比亞曾說過：「不要輕易借錢給別人，也不要輕易向別人借錢；借錢給別人會讓你人財兩失，向別人借錢會讓你揮霍無度。」可是在日常生活中，每個人都有被別人借錢的經歷，而且至少五分之一的錢借出去再也沒有還回來。都說欠債還錢，天經地義。可就有這樣的人，向你借了錢，過後卻隻字不提還錢的事。該怎麼辦？明討？拉不下面子；暗示？如果對方想不起來呢？現實中欠債人突然「失憶」分為兩種：一種是真的忘記了，一種是揣著明白裝糊塗。如果是第一種還好說，欠債人會通過你不斷的暗示和提醒突然記起，並羞愧難當地向你不斷道歉。這時，你要很大度地表示自己不急需用錢，更沒有討債的意思。當然，對於還錢心切的欠債人所許諾的還錢日期也沒必要推遲。

要是遇到第二種可就有點麻煩了，暗示對於他們就是瞎子點燈——白費蠟。重要的是他們忘記了借錢和還錢是對彼此的一種尊重。對於這種不尊重他人的人，很多人都選擇了吃悶虧。

那麼，如何巧妙地拒絕別人借錢的請求，又如何討回屬於自己的錢，讓你既不「賠了夫人」，又不「折兵」呢？

◎直接撒謊法

當朋友跟你借錢時，你要表現出為難的樣子：「其實我一直都沒跟大家說，我在外地買了一處房產，所以手上根本沒有什麼現錢。」

### ◎耍賴法

先不要急著表態，而是笑著問他：「你看我的臉乾淨嗎？」對方仔細看了看，「沒髒，挺乾淨的。」你接著說：「我的口袋比臉還乾淨呢。」

### ◎以毒攻毒法

對於有些忘性極強的欠債人，惱怒的你又無法用什麼激烈的討錢辦法來對付這些無賴，難免會愁眉不展、大傷腦筋。其實大可不必，俗話說：「以其人之道還治其人之身。」編個充分的理由，花言巧語，分文不揣地約上欠債人逛商場，見到你喜愛的東西直接開口向他借錢。他欠你多少你就借多少，最好把利息也加進去。

### ◎搶先法

在借錢人尚未說出來意之前，你要搶先向他借錢。對方必定頗感意外，忙於招架而無心再提借錢之事。採用此法的前提是，必須預知來人意圖，並且眼疾嘴快，才能禦敵於家門之外。

### ◎夫妻吵架法

對來人的借錢要求，你可爽快答應。而此時你的太太要如河東獅吼：「家裡欠債累累，哪裡還有錢借人？」

你則要怒不可遏地大吼：「不行是嗎！離婚！」來人定忙於勸架，焦頭爛額，而不再提借錢一事。此法須夫妻二人心領神會，配合默契，方能收到奇效。

### ◎轉嫁法

你可湊到借錢人的耳邊悄悄地說：「雖說我沒錢，但我知道老李有錢，這傢伙攢著私房錢，肥著呢！不過你可不能說是我告訴你的。」來人必對你感激不盡，轉身去找他人借錢，你則可以全身而退。

### ◎堅持救急不救貧

誰家都有可能有點急事急需用錢，所以當好朋友經濟困難時，伸出你的援助之手他會非常感激你的，「患難見真情」說的就是這個道理。如果你的好朋友經濟條件並不好，你就不要考慮借錢了，還是直接援助他一些小錢吧，這屬於送錢的範圍了。

## 我不是長舌婦：拒絕流言蜚語

有人的地方，就有矛盾；有矛盾的地方，就避不開流言。

有人說，世上最可怕的不是能殺人的利刃，而是殺人不見血的流言。一代電影明星阮玲玉，於一九三五年三月八日在上海新聞路沁園村的住宅裡服安眠藥自盡。如曇花般的阮玲玉就是受不了流言蜚語，對愛情與婚姻徹底絕望，才在輿論的巨大壓力下選擇了自殺，年僅二十五歲。

所謂流言，就是指沒有事實根據的言論。散佈這些東西，除了能讓舌頭多運動幾下過過嘴癮，對你的人生和事業沒有任何幫助，還有可能傷害到別人，損害自己在朋友、同事和上司心目中的形象，損人不利己。

《戰國策．秦策二》中記載了這樣一個故事：有一個跟曾參同名的人殺了人。有好事之徒跑到曾參家裡，對曾參的母親說：「快跑吧，妳家兒子殺人了。」

曾參的母親當然不相信，說：「我兒子不會殺人的。」仍舊泰然自若地織著布。

過了一會兒，又一個人跑進來說：「妳兒子殺人了。」

曾參的母親還是不信，繼續埋頭織布。

過了一會兒，又有一個人慌慌張張地跑過來，說：「快跑快跑，妳兒子殺人了！」

曾參的母親終於害怕了，連大門都不敢走，翻牆頭逃跑了。

曾參是有名的賢德之人，他的母親對他也非常瞭解，知道他根本不可能殺人，可是禁不住眾人的一再相告，竟然相信了曾參殺人的流言。

「謊言重複一千遍，就會變成真相」，這就是生活中流言的心理效應。

的確，在我們周圍，總是有人喜歡傳播一些謠言，而謠言就像空氣中的病菌一樣，很容易就擴散開來。在一個複雜而忙碌的工作組織中，流言蜚語、小道消息是少不了的。流言的內容主要涉及上司團隊調整、人事變動、個人升遷等一些敏感問題。它具有傳播速度快、受眾範圍廣的特點，對人們的思想與情緒產生的影響大多是負面的、消極的，對開展工作極為不利。

瑤佳是一個頗具才能、青春靚麗的女孩，讓同事們羨慕不已。因為工作認真、態度積極，公司一度考慮將她提升到管理層，但是每一次的提案最後都被擱置了，令瑤佳十分苦惱。

瑤佳剛開始十分不解，自己的問題到底出在哪，為什麼總是在上司層投票的時候被否定？在最近的一次上司的年終意見中，瑤佳終於明白了原因——其中一位上司人給她的建議是：避免經常與他人議論各種是非，不要傳播流言蜚語，才能成為一個好的管理者。

現在，一些單位和部門都有這種現象，有些員工不在工作和學習上下工夫，而是專愛打聽、傳播小道消息，今天說張三提升了，明天說李四有了婚外情……一時間搞得人心惶惶。這一部分人，雖然是少數，但嚴重干擾了我們的視線，影響了我們的正常工作。

在背地裡議論別人的是非，絕對不是所謂的「交流」或「分享」，而是個壞習慣。要想自己的事業有所發展，一定要戒掉這個壞習慣，不做流言蜚語的傳播體。

李紅這段時間不得不讓自己每天加班到深夜才回家，加班的原因並不是公司業務忙，而純粹是兩位上司之間的明爭暗鬥。李紅所在部門的經理今年就要退休了，公司老總為了使該部門的上司可以即時銜接上，便從其他部門調回了一個工程師來做副經理。但對於兩個上司來說，怎樣領導下屬成了兩人爭論的焦點。為了證明自己的實力，兩個人分別對自己所領導的下屬開始了業務加班的比賽。

兩個上司的爭鬥對他們本身沒什麼大的影響，因為老經理總要退休，而新經理總是會升上來的。但天天加班使得部門的很多員工都心懷不滿，大家都在各種休息時間對兩個上司大肆地加以討論。李紅在這種環境的影響之下，怨言也多了起來，她經常會與同事們對上司的各種私事與公事進行討論，而且公然地表達了自己的不滿。

但幾個月後的事情讓李紅始料未及：她和其他幾名員工被「發配」到了全公司工作最苦、最累的業務部中。他們幾個人都是技術出身，怎麼可能應付得了業務部裡那些伶牙俐齒的小夥子與小女生？李紅幾個人對此非常不滿，他們一起去找新上任的經理去理論，但對方的一個理由就將幾個人打了回來：「你們不是喜歡議論別人的是非嗎？嘴巴厲害就到需要『嘴巴』的地方去吧！另外，這個月業績達不到十五萬的就自動離職吧！」

李紅他們當時就呆了，就算是老業務員也不可能一個月做到十五萬。他們知道，這是新經理對他們當時傳播他的小道消息進行報復。李紅明白，這個單位已經沒有了自己的容身之所，她只好辭職重新找工作。

閒言碎語往往與職場上的人際關係有著很大的關係，一旦自己成為了流言傳播中的一個小小的鏈條，就很可能會使自己陷入一種明爭暗鬥的危險之中。特別是傳播關於上層上司的流言，更容易使自己陷入危險。所以，做一個聰明的「流言終結者」，既不讓流言把你打敗，也不讓有關別人的流言從你這裡流出。這樣的你，才是聰明的你。

## 瓜田李下閒話多：拒絕辦公室曖昧

歌德曾有一句名言：「哪個青年男子不善鍾情，哪個妙齡女郎不善懷春？」人值青春年華，總要戀愛、擇偶，這是人之常情。可是，對職場中的人來說，辦公室戀情是危險的。在辦公室裡談情說愛，往往會遭遇人際危機，不僅不牢固，且極其脆弱，後患無窮。

俗話說：「兔子不吃窩邊草。」可男女間的緣分就是這麼防不勝防。如果一不留神被同一個戰壕裡工作的同事愛上了，你該怎麼辦？尤其是當他冒著「危險」向你表示「我愛上你了」的時候，你該如何應付呢？

薛麗華已經進入大齡女青年的行列，有一位長輩給她介紹對象，讓她去相親，她雖極不情願，卻也架不住長輩的鍥而不捨，只好去了。

到了茶樓的雅間，那位長輩和男子早已等候在此。薛麗華走進去，看到那位男子時，一下子便傻了眼，脫口叫道：「王城，怎麼是你？」

那男子也吃驚地問：「怎麼會是妳？也太巧了吧！」

長輩見此情景，便問他們是不是早已認識。那男子說：「何止是認識，我們是同一個辦公室的同事。」

長輩聽了，大笑起來，說這是緣分，便拉薛麗華到桌前坐下。

可是，薛麗華坐下後卻一臉尷尬，不知說什麼好。王城更是結結巴巴，老半天說不出一句完整的話來，看樣子，比薛麗華更尷尬。

他們的尷尬，並非僅僅因為遇到的是同事，更是因為王城曾追求過薛麗華，但薛麗華拒絕了他。薛麗華是個自尊心很強的人，此時，她心裡想的是：我拒絕了他的熱烈追求，卻跑來相親，他一定會認為我假扮清高。

那位長輩不明就裡，不停地向王城誇薛麗華的溫柔賢淑，向薛麗華誇王城的穩重敦厚。但是，薛麗華心裡明白，自己在辦公室裡的表現並不是什麼溫柔賢淑，而是爭強好勝，而且，為了拒絕他，自己還一度刻意裝得潑辣刻薄。

就這樣尷尬地坐了好一會兒，兩人除了客套話之外，幾乎沒說過其他的話。後來，有位好友打電話找薛麗華，她便趁機找了個藉口，溜之大吉了。

回公司之後，薛麗華見到王城，只覺得被他發現了自己的祕密，尷尬極了，所以處處躲著他。可是王城卻一改往日的行事風格，三不五時邀請薛麗華吃飯、泡酒吧、打保齡球、打桌球。有時薛麗華並不想去，但看到他那誠懇的眼神，又想想自己曾經拒絕過他，所以不好意思再次拒絕。而王城每次出差都會為她帶回些別緻的小禮物。這些當然逃不過外人的眼睛。

時間久了，薛麗華便發現背後有人指指點點了，私下裡議論她和王城的關係不簡單。

薛麗華一時間不知道該怎麼辦才好。

愛情雖然是很美好的事，但有的時候被一個自己不中意的人單方面喜歡和追求確實是令人困擾的。而這個時候，我們需要做的就是拒絕。「拒絕」兩個字看起來是很冷漠的，人們都不喜歡被拒絕，善良的人也往往不忍心拒絕別人，尤其是拒絕一個愛你的人，這可能會讓你覺得是一件很殘忍的事，可是「拒絕」卻常常是必要的。因為它不僅能讓你免於煩擾，也能夠使對方得到成長，讓他從這段不現實的感情羈絆中解脫出來。

**◎面對高傲自大者，直接拒絕最有利**

一位道貌岸然的男士正對一位年輕貌美的女孩子進行「馬路攻勢」：「喂，小姐，我能請妳看電影嗎？」

「不，謝謝你的邀請。」小姐回答道。

「喂，小姐。」那位先生窮追不捨，「妳要明白，我可不是那種隨隨便便邀請女孩子看電影的男人呀！」

「你也要搞清楚，我也不是那種隨隨便便接受任何一位男士邀請的女孩子！」女孩子以牙還牙道，說完飄然而去。

對於這種自我感覺良好的傢伙，你無論採取什麼辦法都是徒勞的。他就像一隻揮之不去的蒼蠅一樣令人討厭。對付這種人，唯一的辦法是不給他任何機會。

**◎請自己的男（女）朋友當掩護**

外貿公司的小王對剛來公司不久的麗娜頗有好感，想方設法獻殷勤。一次，小王趁辦公室沒人，把一套高檔內衣放到麗娜桌子上。因與他只是一般關係，直接回絕怕對方難堪，麗娜略作思考便微笑著說：「這套內衣真漂亮，不過這種款式的，我男朋友買給我好幾件了，留著送你女朋友吧。」

這麼說，既暗示了自己已經「名花有主」，又提醒對方注意分寸。小王聽了，自我解嘲地一笑：「沒關係！沒關係！」

**◎要給對方留下面子，切不能傷人自尊**

別人追求你是看重你某一方面的優秀，是對你有好感才有所暗示。拒絕對方而不留面子，不僅會破壞你們的關係，而且也會影響你們今後的交往和工作，所以絕對不能以傷人自尊的方式拒絕對方。

侮辱求愛者，是一種不講戀愛道德的表現，不論對人對己都沒有好處。有的求愛者受到嘲弄、侮辱後，惱羞成怒，進行報復；也有的因求愛者被侮辱，其他人也以此為戒，不敢再向他（她）拋出求愛的彩球，這勢必會妨礙他（她）選擇佳偶。

拒絕對方時應真誠、友善、婉轉，使對方容易接受，任何挖苦、辱罵都是對求愛者的損害和侮辱，都是極不道德的。比較好的方法是，不論自己如何討厭對方，一旦對方向你求愛，都要很有禮貌地先說聲「謝謝」，然後再婉轉地拒絕對方。

### ◎打入敵人內部去

當你已經非常清楚對方有另一半的時候，面對曖昧的邀請，你可以選擇打入「敵人內部」的策略。想方設法和對方的另一半成為好朋友，在他（她）向你發出曖昧的邀請，而你又不得不去的時候，設法叫上對方的另一半。相信此時，對方一定不會再和你胡來了，否則就只有吃不了兜著走的份。

《杜拉拉升職記》中有這樣一個場景：趁著老闆娘來公司之際，杜拉拉以性騷擾的方式威脅老闆，她扯開衣領，嚇得老闆不得不妥協並感嘆道：「為什麼驚喜總是姍姍來遲？」

其實，在我們拒絕了曖昧的邀請以後，也該時常反思一下自己。是不是自己的某些行為讓對方產生誤解了？是不是自己的穿著太暴露了？是不是自己太口不擇言了？在拒絕別人發出的曖昧邀請的同時，我們更應該拒絕自己主動發出曖昧的信號。

巴恩菲爾德說：「愛情是魔鬼，是烈火，是天堂，是地獄，那裡有歡樂，有痛苦，也有苦澀的懺悔。」所以，我們一定要把握住自己，不允許自己「濫情」，更不允許自己接受別人的「濫情」。

## 從此不做月光族：拒絕頻繁聚會

月光族，喜歡聽貝多芬《月光曲》的一族？不，是月月吃光用光一族。

月光族很好辨認，他們的襯衫領子上沒有鈕釦洞，上班總是西裝革履，拎一只公事包並且行色匆匆；年齡二十歲到三十歲，風華正茂；他們進出辦公大樓；他們站在車廂裡的姿態都與眾不同，人手一部iphone，似乎顯示出一種異乎常人的優越感。

他們出門喜歡伸出右手攔計程車；下班喜歡三五好友相邀去酒吧小酌兩杯；吃完飯後會搶著付錢，一副「讓我來，不然我跟你絕交」的架勢；在家從不開伙，一日三餐在外。他們的薪水從幾萬元到十多萬元不等，可每個月總是過得很緊張。在每個月發工資後很囂張地過一個星期，然後淡定地過一個星期，接著無奈地過一星期，最後在對工資的無限期待中過一星期。

這就是月光族。「富，富不過三十天；窮，窮不了一個月」，是對他們最生動的寫照。

月光族的口號是：賺多少花多少。

加入月光族的唯一條件：工資月光，不剩一分，只許負債，不可盈餘；月光族的成因：缺少理財鍛鍊，不會管理開支。

王一可是一名國內航線上的空姐，按說空姐的收入都是非常好的，基本工資再加上加班費和獎金，每月收入可觀，然而她卻是個典型的月光族。她經常飛得很累，還要忙著加飛，有時一些小感冒她都不請假，照樣飛，為的就是能多存點錢。可是即使奮力賺錢，她仍然總是沒等下個月工資到帳，就已囊中羞澀了。

王一可的愛好比較廣泛，唱歌、跳舞、畫畫。下班後，她習慣回家吃飯、看書、上網、陪家人，也偶爾跟同事吃飯、K歌。她不買昂貴的化妝品，也不買國際一線品牌的服飾。在同行裡面，王一可已經夠省的了。那為什麼她每個月總是入不敷出呢？說到底還是面子惹的禍。

王一可有三、五個死黨們，她們唯一的愛好就是下班後打麻將。有一次，牌友們三缺一，於是她們硬拉著王一可去湊數。沒想到有了第一次便有了第二次、第三次，每次牌桌上出現空缺，她們總是想到王一可。

漸漸地，一遇到同事下班約她打麻將，王一可心裡就五味雜陳。本來就不太會拒絕人的她也曾說過「不想去」，但在同事的死纏爛打下，每次到最後都被迫陪打。同事們「遊說」的那些話，王一可隨口就能背出幾句：「哎呀，就是幾個同事玩耍一會兒，不會有大輸大贏，就當是混時間」、「去嘛，妳看我們三缺一，忍心嗎」……

於是，王一可每個月要被迫陪同事打七、八次麻將。本來就不太會打麻將的她「很受傷」，基本上每次都會輸掉三、四千左右。

當提及同事為何選她打麻將而不是其他人的時候，王一可猜測道：「可能她們一是知道我不會拒絕人，幾句話一說就動搖了；二是知道我麻將打得不好，人又比較耿直，覺得我的錢比較好贏，隨便輸多少都不會吭聲，也不會跟其他人亂說吧。」

但對王一可來說，下班被迫打麻將給她帶來的困擾遠不只輸錢那麼簡單。本來這個月，她要參加一個徵文比賽，就因為她們老是約她打麻將，最後她錯過了交稿時間。下班後就去打麻將，回到家都深夜十二點多了，洗漱完就凌晨一點多了，第二天還得上班，她根本就找不到寫文章的狀態。

雖然被迫打麻將，王一可也怕自己上癮，所以心理壓力一直很大，她甚至晚上睡覺都夢見打麻將，弄得自己精神狀態相當不好。不懂得拒絕別人反映的是現代職場的人際關係。對於都市白領，特別是王一可這類人群而言，這是由職場人際關係心理障礙所造成的。

因為現代職場人際關係比較冷漠，這類人群對這種關係充滿了恐懼，很擔心如果拒絕，會被當作不入流、不合群的「另類」，因此即使不喜歡也會硬著頭皮參加。不過，這種違背自己意願的行為往往會適得其反。

人在社會上打拚，誰都不是有錢人。所以，要想擺脫月光族的身分，就要盡量少參加酒會、牌局等高消費活動。一方面是為了節約開支，另一方面防止自己深陷其中，不能自拔。

我們所接受的傳統教育都是溫文儒雅、謙恭禮讓、樂於助人等思想，這些思想告訴我們對於他人的請求不能隨意回絕。但是，我們辦事也要講究原則，不符合原則的事堅決不能辦。所以我們要學會拒絕，凡事量力而行，但不能傷感情。

《紅樓夢》中的林黛玉是在母親去世後投奔外婆家的，雖然賈母十分疼愛她，她卻總有寄人籬下之感，所以，進賈府後始終是「步步留心，時時在意，不肯輕易多說一句話，多行一步路，惟恐被人恥笑了她去」。其中有一個「黛玉辭飯」的故事，很能讓人回味：

邢夫人苦留吃過晚飯去，黛玉笑回道：「舅母愛惜賜飯，原不應辭，只是還要過去拜見二舅舅，恐領了賜去不恭，異日再領，未為不可。望舅母容諒。」邢夫人聽說，笑道：「這倒是了。」遂令兩三個嬤嬤用方才的車好生送了姑娘過去，於是黛玉告辭。

這一番話十分得體，既表達了對邢夫人的感激和尊敬，又表現了自己懂禮節、識大體。

要拒絕別人光是說「ＮＯ」是不夠的，還得要有充分的理由才行，特別是那些盛情難卻的邀請。現實生活中，因為沒有注意拒絕方法而導致人際關係緊張、友誼疏遠破碎，甚至反目成仇的事例並不少見。所以，當我們靜下心來，認真思考一下這個問題，就會發現拒絕還真不是一件容易的事情。

### ◎見招拆招法

海瑞有一次嚴厲地處罰仗勢侵奪民田的董其昌。一些官員來替董其昌解圍，對海瑞說：「聖人不做過分的事。」

海瑞說：「諸公豈不知海瑞非聖人耶！」就把說客頂了回去。巧妙的一句話既表達了海瑞秉公執法嚴辦董其昌的決心，也使得說客碰上了軟釘子，無言以對。

### ◎金蟬脫殼法

小王不善飲酒，但一次公司年會上，大家都吵嚷著讓小王使勁喝。情急之中，小王悄悄給岳父發了條短信，讓他給自己打個電話，叫自己回去。

果然，就在大家要灌小王時，他的電話響了，裡面傳來岳父嚴厲的聲音：「小王，大半夜在外面鬼混什麼？家裡有事，馬上回來！」

小王馬上裝作很不情願的樣子，對大家說：「對不起，各位，我岳父發怒了，我得趕回去，你們吃好喝好！」眾人看小王一臉驚慌，也不好再說什麼。

### ◎先揚後抑法

也可稱作先承後轉法，這是一種避免正面表述，採用間接出擊的技巧。

對於別人的一些想法和要求，先用肯定的語氣表示讚賞，再來表達拒絕，這樣不會直接傷害對方的感情和積極性，而且使對方容易接受，並為自己留下一條退路。

俄國著名鋼琴家魯賓斯坦，有一次在巴黎舉行演奏會，獲得巨大成功。

有一位貴婦人對他說：「偉大的鋼琴家，我真仰慕你的天才，可是演奏會的票已經賣光了。」魯賓斯坦手中沒有票，又不願給舉辦者增添麻煩，當然無法答應她的要求。但是他沒有直接拒絕，他平靜地答道：「遺憾得很，我手上一張票也沒有。不過，在表演廳裡我有一個座位，如果您高興……」

貴婦人非常興奮地問道：「那麼，這個位置在哪裡？」

魯賓斯坦答道：「不難找，就在鋼琴後面。」

**◎ 含糊其詞法**

比如：「今天我請客，請您務必光臨。」

「今天恐怕不行，下次一定去！」

下次是什麼時候沒有說定，這就給人一個含糊其辭的概念。對方若是聰明人，就一定能聽出其中的道理，也不會再強人所難了。

世界著名影星索菲亞．羅蘭在她的《生活與愛情》一書中，曾記下卓別林與她最後一次見面時，送她的一句忠告：「妳必須學會說『不』。親愛的索菲亞，妳不會說『不』，這是個很嚴重的缺陷。我也很難說出口。但一旦學會說『不』，生活就變得好多了。」

所以，學會拒絕吧，它會讓你的生活變得無比輕鬆。

## 不被人情套牢：拒絕保險推銷

還記得你的第一份商業保險是怎麼買的嗎？恐怕大多數人都不是直接走進保險公司的營業廳說：「我想買份保險。」而是賣保險的親友、朋友介紹的。

如果你是被「人情」套牢，才咬牙買了一份可有可無的保險，它就是典型的「人情保險」。

在賣保險的人眼裡，好像沒有「關係熟不好下手」這一說法。拿熟人開刀，這是賣保險和搞傳銷的一貫作風。我們生活中很多人買的第一份保險的確都是熟人介紹的，其實有的時候真是不想買，不過親戚朋友之間又不好拒絕，真是讓人左右為難。

二〇一八年八月初的一個下午，小薇接到做保險推銷員的遠房表姐鄧女士的邀請，下午去聽一個關於保險的講座。講座聽完，小薇並沒有完全弄清楚講座所介紹的保險產品到底有什麼用，只知道每年繳納一萬元保險費，繳滿五年，每年可以分紅，並在被保險人年滿七十五歲後，退還所有保險金。表姐以及表姐的同事一直在跟她說這個保險多好多好，礙於情面，她就答應買了。

到了九月初，小薇聽朋友說，這個保險並不如當時保險公司講座裡所說的那麼「划算，就有些後悔，想解除保險合約。可此時，已經過了保險合約簽收之後的十天天猶豫期，若解除保險合約，損失不少。

其實，我們很多人都跟小薇一樣，常常因為熟人的介紹或推銷而去購買一份保單。「人情保險」之所以讓人困擾，是因為難以拒絕。如果堅持不買，會賠掉友情或親情。更多的情況是，就算知道自己真的不需要保險，但卻不知道如何拒絕才能兼顧情誼和自己的荷包。

到底該如何拒絕「人情保險」？不妨參考這裡介紹的幾種讓保險業務員聽了沒輒、最招架不住的拒絕術。

**◎ 哭窮**

保險業務員最怕聽到客戶說：「沒錢！」因為就算他們推銷再好的商品，再符合客戶需求，但只要一說「沒錢」，就足以讓業務員打退堂鼓。畢竟保險商品每年保費動輒數萬元，甚至數十萬元都有，如果客戶沒錢買，浪費再多口舌也沒有用，所以此時業務員大多會知難而退，不再苦苦糾纏。

**◎ 拿家人當擋箭牌**

保險業務員通常會說：「就差你一張，我這個月業績就達成了，支持我一下吧！」作為消費者，如果並不願意買這「最後一張保單」，可以這麼說：「我們家的支出都控制在老婆手上，我沒辦法決定呢。要不你先幫我制定一份保險規劃吧，我回家跟老婆商量一下。」

通常剛加入保險業的業務員，因為本身對產品不熟悉，最愛發動人情攻勢，也最容易出現上述情況。建議你千萬不能隨意投保他們熱力推薦的產品。此時不妨以周邊的人做擋箭牌，或直接挑明自己沒有需求。

## ◎稱自己也在賣保險

目前國內保險業務員人數眾多，為了衝業績或是怕業績未達標準、飯碗不保，業務員及電話行銷人員多會盯緊客戶，一個也不放過。只要遇到接起電話的客戶，或是願意停下腳步聽他們說話的，他們就會拚命想把你的錢放進他們的口袋。

當遇到這種情況時，你可以跟對方說：「不好意思，我也是賣保險的。」相信對方不會再自討沒趣。不過，這一招不能亂用，否則穿幫了只會把關係搞得更糟。

曲靜是一家裝飾材料銷售公司的客戶經理，她有個跟了半年的大客戶，眼看就要協商成功準備簽單。這位大客戶有一天突然帶著自己愛人來找曲靜，說自己的愛人是保險代理人，問她要不要購買保險。

曲靜想都沒想，脫口而出說：「不好意思，我自己也在賣保險呢。」接著雙方就熱聊起來。這時對方突然掏出《保險代理從業人員資格證書》，說也想看看曲靜的。但是曲靜沒有，只好敷衍說在家裡，對方又聊了很多保險業務的事情，曲靜搭不上話，對方也能聽出曲靜在騙他們，臉就臭了。

**◎稱親戚在賣保險**

與其說自己在賣保險，不如「嫁禍」給別人更乾脆，既不用掌握保險知識，也不用怕被揭穿，只要說一個推銷人不認識的名字，然後稱作自己的表親，就能搞定：「哎呀，你怎麼不早說啊？我剛從親戚那裡買的新保單，暫時不需要了，對不起啊，明年我再從你這裡買好嗎？」

**◎稱自己得了絕症**

如果實在被逼得無路可走了，你可以撒謊說自己得了癌症。

李卓就是這麼對糾纏他已久的哥們說的：「兄弟，你非要逼我說出來嗎？上次公司體檢的時候，醫生說我可能得了癌症，這事我連我家人都沒說。」

對方一聽，只好匆匆告辭。雖然成功拒絕，李卓心裡卻很鬱悶：「連自己都詛咒了，可見被逼到什麼地步了。」

身體有重大疾病確實會遭到保險公司拒保，然而，為了拒絕保險採用詛咒自己的方式實在不妥，所以，此招盡量少採用。

# Chapter 4

# 不要跟陌生人說話：拒絕街頭的「不好意思」

離「糕」富帥遠點：拒絕強買強賣

千萬不要「竹筒倒豆子」：拒絕給陌生人留電話

做個默默飄過的路人甲：拒絕假乞丐行乞

## 離「糕」富帥遠點：拒絕強買強賣

二〇一二年，在中國最夯的話題無疑是「切糕」。諸如「推出一車切糕，換回一輛法拉利」、「人固有一死，或輕於鴻毛，或重於切糕」、「切糕恆久遠，一斤永流傳」、「寧願坐在切糕車上哭，也不願坐在寶馬車裡笑」之類的網友調侃層出不窮。

甚至還有人即興編了一段笑話：比爾．蓋茲、賈伯斯和買買提，一起來到天堂門口。門衛說最有錢的一位才能進去，其他的都得下地獄。

蓋茲說：「我是世界首富！」

賈伯斯說：「我有蘋果！」

買買提憨憨地說：「我什麼都沒有，只有一車切糕。」

剛說完，前面兩位就立即掉頭衝向地獄。

在中國很多城市的熱鬧地區，往往能看到幾個人推著三輪車，上面有一大塊用各種堅果和葡萄乾、蜜棗做成的餅，這就是「新疆切糕」。很多人利用這切糕看起來十分誘人的外表和民眾強烈的好奇心，先用花言巧語讓顧客買一點嘗嘗鮮，然後仗著人多勢眾公然對顧客進行強迫交易。

買糕時，如果你比劃要多少，或者說切一點嘗嘗，他就往斜裡切，下刀處看起來很窄，越往下切得越大，暗地裡切成個梯形。等你喊停時，他會對著你「啊啊」裝聽不懂，等最後裝著聽明白了停下後一看，最少半斤。也有手落刀快先斬後奏的。你如果不買，瞬間不知從哪裡圍過來好幾個大漢和你理論：這個東西切下來就沒用了，一定要買走。他們最喜歡的銷售對象是單身的女孩或者情侶，年輕人都比較好面子，上當了也不便張揚，只好掏錢。

一次，小李和閨蜜去溫州火車站買衣服，在車站旁看見一個外地人，留著稀疏的絡腮鬍，頭上戴著一頂小帽，身邊停靠著一輛小推車，推車上擺放著一塊大大的切糕，花生仁、葡萄乾、瓜子仁、核桃仁等五顏六色的乾貨點綴其中，顯得非常誘人。

「來嘗嘗吧，免費的！」那人攔住小李，小刀上插著一小塊切糕，伸到小李面前。

小李拗不過他，只好嘗了一小口。味道怪怪的，但不算太難吃。「老闆，這個多少錢？」小李問。

「十二塊。」對方操著生硬的普通話說。

「嗯，給我切一點吧，我要五塊錢的。」

寒光閃過，糕點已被切下，老闆迅速上秤，「一斤六兩，算妳一斤半吧。一百八十塊。」

小李愣住了，微笑著對他說：「開什麼玩笑，我只要五塊錢的呀！」

對方沉下臉說：「割多少買多少！」邊說邊把早放在一旁的牌子翻過來，上面寫著「一兩十二塊，割多少買多少，切下來不能退」。

「小妹，看清楚啦，是一兩十二塊，我可不是跟妳開玩笑的！」

小李花容失色，看著那塊長方體的東西，可能就兩盒牛奶那麼點大，一百八十塊！金子嗎？小李這會兒才覺得物非所值了！

小李小心翼翼地對老闆說：「我不要那麼多，我說了只要五塊錢的，切一點給我就行了。」

對方強硬地說：「不行，說了切多少就得買。」

小李火了，「哪有這種道理？我說了只要五元，有你這樣賣東西的嗎？我不要了！」打算揚長而去。

對方抓住小李的胳膊，兇神惡煞地說：「站住，妳敢走！」同時，其他攤位的外地人也圍了上來，有的手裡還拿著刀。

小李無奈，只好掏出錢，買下了這昂貴的切糕。

「拋磚引玉」、「請君入甕」，這是商家最常用的促銷手法。免費，目的就是吸引消費者消費。面對巧舌如簧的推銷員，很多人會感到無所適從。直接拒絕會覺得傷到對方的面子，若是不加以拒絕，浪費了自己的時間不說，還有可能掉入對方的甕中。

## ◎拒絕「免費試用」

「小姐，這是我們公司最新研發的高科技護膚產品，歐萊雅康雪，現在可以進店免費試用一下，排毒效果很好。」小陳和小黃在逛街時，一位男子攔住了她們，不停地介紹美容產品。隨後兩人被帶入文昌街旁邊巷內一家美容院。店員們將店內產品進行了一番介紹，將小陳和小黃唬得暈頭轉向。一名店員向她們表示，可以免費試用一下。小陳便率先試用了起來。

然而，正當小陳試用到一半時，剛才還和和氣氣的店員們變了臉，向她要使用化妝品的錢。店員耍起無賴稱用產品要付費是天經地義的事，還問小陳有什麼證據證明他們說過免費。

小陳與小黃丟下化妝品準備離開，卻遭到店員的阻攔。兩個女孩很無奈。由於身上的現金只有一百多元，最後，小陳不得不刷卡支付了一千多元，兩人才得以脫身。

要拒絕這種「免費促銷」，最有效的辦法就是堅定自己的立場，絕不貪小便宜。如果害怕自己做不到這一點的話，可以讓身邊的朋友隨時提醒自己。或者在出門的時候，只帶少量的現金。否則，你一旦被商家的甜言蜜語洗腦後，很容易就會情不自禁地掏錢消費，等察覺時已為時過晚了。

## ◎拒絕強買強賣

強買強賣最容易出現在行人不多的地方，比如橋下、巷子口等。遇到強買強賣時，首先不能在心理上被對方壓倒，即便他們人多勢眾，也要學會給自己壯膽。有一個辦法是屢試不爽的，那就是大聲喊叫，你的聲音越大，就越能引來旁人的注目。對方本身做的是非法交易，一旦你引來旁人圍觀，對方氣勢就弱了，就不敢再對你來硬的了。

然而，這都是被動的保護策略。那麼，具體應該怎麼做，才能避免街頭的強買強賣呢？第一，火車站、公園、天橋附近不要光顧著玩，走路要多看看有無嫌疑小販；第二，看到推銷員在強行拉攏路人時，要主動繞道而行；第三，老弱婦孺盡量不要單獨行動。

總而言之，保持主見永遠是最重要的。永遠別相信街頭推銷，要相信「品牌的力量」。

## 千萬不要「竹筒倒豆子」：拒絕給陌生人留電話

中國曾經有一個譴責家庭暴力的電視劇《不要跟陌生人說話》。同理，當你在外出差或旅行時，也不要和陌生人說話，更不要把電話號碼留給陌生人。

旅途中我們常常會碰到一些陌生的「熱心人」，他們會以交朋友的名義要你留下家中的電話和手機號碼作為聯繫方式。這些不法之徒常常利用這種方式索取電話號碼後給你的家人打電話，謊稱你在旅途中發生意外事故正在醫院搶救，讓家人速匯鉅款進行詐騙。

中國電視劇《手機》中有這樣一個情節，頗值得回味：嚴守一的妻弟于文海赴北京投奔姐夫，在火車上遇到一個能說善道之人。那人以找工作為名，三兩句便要到于文海姐姐于文娟的手機號碼。電話打到于文娟那裡：「妳弟弟突然發病了，正在搶救，妳趕緊把錢匯過來吧。」

嚇得于文娟當場心臟病發作，先進醫院搶救。

我們平時的生活中，不注意保護私人資訊的人比比皆是。一些私人資訊，如電話號碼、金融卡號碼、信用卡號碼、身分證號碼等私人資訊的不經意透露，給騙子們提供了很多機會。

一次，杜偉奇在機場等飛機。正在百無聊賴滑手機時，對面走過來一個二十多歲的年輕人，西裝革履，揹一個背包，很像商界的精英人士。那人坐了一會兒，便開始找機會跟杜偉奇攀談起來。杜偉奇一想，閒坐著也挺無聊的，於是就接上了話。

兩個人從愛好聊到了生活，又從生活聊到了工作。杜偉奇說自己是做鋼材生意和運輸業的，對方說他也是做這行的，很有可能有業務上的來往。杜偉奇心花怒放，沒想到等飛機也能等來客戶，於是就毫不猶豫地把自己的手機號碼跟家裡的電話都留給對方。

就在杜偉奇提前半個小時進候機室準備登機的時候，突然一個陌生的電話打過來。杜偉奇接通電話，對面傳來一個很嚴肅的聲音：「你好，我是國際刑警大隊的，我們正在抓捕一批毒販，由於你的手機對我們的電腦追蹤造成干擾，請你關閉手機三小時，希望你合作！」

杜偉奇一聽就樂了，國際刑警大隊？開什麼玩笑？他想都沒想就把電話掛了。

剛掛電話沒兩分鐘，對方又打過來了。這次口氣更加強硬，而且一再強調要關機三小時以上。杜偉奇當時就斷定這裡有問題，懷疑他們是詐騙集團，於是他也很不客氣地說：「我偏不關機，你能把我怎麼樣？」

沒想到就在杜偉奇登機半個小時後，他妻子收到一條十分奇怪的簡訊：「妳丈夫在廣東東莞因為與人鬥毆被抓捕，現在需要匯三千塊錢才能放人。」下面是一串銀行帳號。

驚慌不已的妻子籌錢過程中突然想起報紙上揭露的詐騙慣用伎倆，急忙打電話給丈夫，好在杜偉奇當時已下了飛機，詐騙謊言被戳穿。可是事情好像還沒完……

第二天一大早，杜偉奇就接到了好朋友胖子的資訊：「杜哥，錢匯過去了，趕緊把事解決吧，我手上就這三千塊現金，都給你匯過去了，希望能幫上你。」

同時，杜偉奇的妻子也接到妹妹的電話：「姐，姐夫看著挺文弱的一個人，怎麼會犯這樣的糊塗事啊？我現在正在籌錢，等銀行一開門我就去匯錢。」

當天，杜偉奇和妻子兩個人什麼都沒做，一整天都在和熱心幫忙的朋友們解釋發生了什麼事情。在意識到了問題的嚴重性後，杜偉奇趕緊找到發簡訊的那個電話號碼，但是撥過去不是無人接聽就是關機，傳簡訊也不回。

杜偉奇的經歷給我們警示：騙子無處不在，要保護好自己，尤其是小地方。出門在外一定不要向陌生人透露私人資訊，俗話說，害人之心不可有，防人之心不可無。這些陌生的「熱心人」往往有著不可告人的目的。

## ◎不要借手機給陌生人

騙子通常都喜歡扮演弱勢群體，如小孩、老人，以「借手機打電話」為由，騙取你的手機。拿到手機後，他們用一種數位產品，只要將它和手機相互連接，在幾秒鐘內就能將手機裡的電話號碼全部複製，一眨眼的工夫，你的手機通訊錄就失竊了。

行騙成功後，騙子會在接下來的幾天之內向你的親朋好友發資訊，內容不外乎就是你出了什麼事故急需用錢，要對方把錢匯到某個帳號。破解這一招最好的辦法就是拒絕亂用感情。朋友有難，理應兩肋插刀，但是，在拔刀之前，還是應該先問清楚情況，免得最後反倒成了他人作案的工具。

## ◎電話詐騙，將計就計

你是否接到過一通莫名其妙的電話或簡訊，自稱「銀行」，以你的帳戶有問題為由，要求你轉帳到某帳戶？如果你真的按照電話提示轉帳，那麼，不知不覺中，你已經走進了騙子精心布下的「圈套」。

接到此類電話，或收到此類資訊後，先看看對方給你的卡號是什麼銀行的，然後登錄該銀行的官方網站，輸入該騙子的銀行卡號，密碼隨便填寫，只要錯誤三次，此卡在二十四小時之內就不能進行任何交易了，這一招可以讓騙子本人也領不出錢來。

### ◎網路銀行，安全隱患多

網路飛速發展，在帶來了資訊傳遞的便捷之時，也帶來了很多的不安定因素。比如網路銀行，它雖然便捷、省錢，但在網路機制不健全的今天，它也暗藏著很多危險。

健忘的人會不小心將帳號、密碼或身分證號碼等資訊遺忘在公用電腦上。精明的騙子會採用種種手段套取客戶資訊，以進行詐騙。因此，利用網上銀行查詢金額以及進行網上購物、轉帳時，應盡量用自己的電腦，查詢和交易完畢後記得清除電腦上的用戶名和密碼。

## 做個默默飄過的路人甲：拒絕假乞丐行乞

過去，乞丐大街小巷到處都是。時至今日，真正的乞丐已經非常少見，但在街頭，偶爾還是能遇到一兩個乞討者。他們或身前鋪一張白紙，寫明自己處境多淒慘；或用粉筆字直接寫在木板上，立於鬧區等人潮密集之地；或身揹幼兒，穿梭於馬路車流之中；或身負布囊，逗留於沿街食客餐桌……

趙萬華經過天橋底下的時候，一位學生模樣的年輕女性闖入了他的視線。年輕女子蹲在地上，面前寫著一排字：「沒錢吃飯，要百元回家」。趙萬華上前給了她一百塊，欲與其交流，但她以沉默應對。

回到公司後，趙萬華在閒聊時將此事告訴了經理。經理笑著說：「你上當了，那些乞丐都是假的，她一天賺的比你都多呢。」

正說著，一個青年走了進來，該青年一副學生模樣。趙萬華以為是來辦理業務的顧客，誰知他直接走到經理面前，向經理討錢。青年說，他今年考上大學，去學校報到的途中遇到騙子，身上所有的錢都被騙走了，自己身無分文，只好到處流浪，討幾個錢，好買車票回家。

經理讓青年坐下，然後對他說：「小夥子，你說的情況的確讓人同情。這樣好了，你把我們公司的櫥窗、櫃檯玻璃都擦乾淨，我就給你四百塊錢車資。怎麼樣？」

年輕人沒想到經理來這一招，氣憤地說：「你，你這是落井下石！你沒有同情心，你怎麼能讓我幹這種事呢？」

經理語重心長地說：「年輕人，天下沒有白吃的午餐，你年輕有活力，完全可以憑勞動賺得車資，這些工作不多，一個小時就能做完。再說，我讓你用這種方式來賺取車資，是維護你的尊嚴，你應該感謝我才是。」

「夠了！不給錢就算了，說那麼好聽幹什麼！」年輕人恨恨地說，轉身就走了。

其實，像趙萬華這樣的遭遇，生活中並不少見。這些假乞丐之所以能夠得逞，一方面是利用人們的同情心，另一方面則是我們的社會閱歷不夠豐富造成的結果。那麼，這些假乞丐一般都用什麼騙術騙人呢？

◎假「孕婦」

場景：她斜臥在地上，小腹微微凸起，身著寬大的孕婦裝，身邊鋪開一張大紙，寫著自己不幸的身世。路過的人無不對其深表同情，十塊、二十塊……不一會兒孕婦手中已經攥著一百多塊。

騙術揭祕：其實，騙子只是將小枕頭、碎布條等塞入寬大的衣服內，假扮孕婦，同時以「喪夫」、「丈夫病重」、「丈夫因故致殘」等藉口進行乞討，騙得路人的同情。

◎假「學生」

場景：她紮著馬尾辮，穿著一套學生服，跪在地上低著腦袋，眼睛盯著身前的告示：父親上山採藥不幸摔死，母親因受不了刺激也瘋了。自己雖考上大學，卻因為要支付母親的醫藥費無力繼續讀書……旁邊還放著某大學的錄取通知書。

騙術揭祕：這些人大多自稱考上大學後家中突生變故，無法繼續學業，他們面前放的錄取通知書，多半是偽造的。

◎假「殘疾」

場景：在熱鬧的菜市場門口，一個下肢殘疾的中年男人手裡拿著鐵盆匍匐著艱難地向前移動，身後還拖著一只空空的褲腿，令人心生憐憫。

騙術揭祕：當夜色降臨時，這個「殘疾人」就會自己把綁在身上的繩索解下來，原來他是個四肢健全的人。這些人通常會把自己的腿蜷起來，用束帶捆綁好，然後再穿上寬大的褲子，手拄一根拐杖，扮成殘疾人沿街乞討。

### ◎假「尋親無著」

場景：車站出口處有一個老婦人，她向路過的年輕女孩訴說著自己是來這裡尋親的，因為遺失了聯繫地址和電話，無法找到他們，現在肚子餓了，希望能給些錢買點東西吃。

騙術揭祕：這一部分人大多為老婦人或懷抱嬰兒的中年婦女，以「尋親無著，身無分文」為幌子，向路人乞討。

每個人都有一副熱心腸，當看到他人有難時，我們往往會伸出援手。然而，正是因為我們的善心才導致一次次地遭受欺騙。抵制假乞丐的行乞，並不是要我們變得冷漠、不近人情，而是讓我們練就一雙慧眼，看清這個世界的真假黑白。

# Chapter 5

## 左邊不要臉，右邊厚臉皮：沒什麼「不好意思」

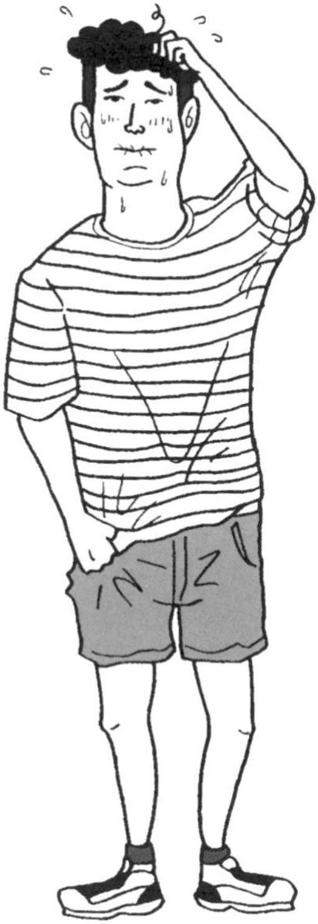

臉皮厚，吃不夠；臉皮薄，吃不著

人在屋簷下，一定要低頭

在你沒有成就以前，切勿過分強調自尊

臉都不要了，還怕什麼

爺爺都是從孫子走過來的

世界如此複雜，你要學會裝傻

我是流氓我怕誰

求人辦事遇冷落，切勿拂袖而去

忍無可忍，就重新再忍

自己少愛點面子，給別人多點面子

## 臉皮厚，吃不夠；臉皮薄，吃不著

某一家銷售公司貼出了這樣一張招聘啟事——

因擴大業務需要，本公司急招厚臉皮人才：男女不限，年齡不限，學歷不限。重臉皮而不重文憑，但臉皮一定要厚到一定的程度，如當街撒尿不臉紅，男人戴胸罩滿街跑，女人剃光頭逛商場。

應聘的厚臉皮人才必須熟讀《厚黑學》，要爛熟於心，善於運用。能達到死皮賴臉、軟纏硬磨、打滾耍潑、口是心非、笑裡藏刀、顛倒黑白的境界，把譏諷當耳邊風，把挖苦當歡聲笑語，把奚落當歌聽。

撒謊要達到敢咒爹娘、罵老天爺、發毒誓的程度。

奉承要會察言觀色、溜鬚拍馬之功，能大拍、小拍、前拍、後拍、左拍、右拍、明拍、暗拍、長期拍、應急拍。

吹牛要有氣吞山河的氣概，達到無人不信、無人不往、無人不呼的目的。

我公司對招聘的厚臉皮人才，工資上不設限，下不保證底薪，根據厚臉皮人才所創造的厚臉業績給予相應的待遇，也就是臉皮越厚，所得到的鈔票也越厚！

這可真是一篇千古檄文，將所謂的仁義道德一把撕個乾乾淨淨，把「厚黑」發揮得淋漓盡致，達到了「厚而無形，黑而無色」、「無聲無嗅，無形無色」之境界。

自古有句俗話：「臉皮薄，吃不著；臉皮厚，吃個夠。」這話俗氣，但是無論在生活還是工作中，都永遠不變的硬道理。誰都有遭人奚落的時候，都有遭受挫折的時候。臉皮厚的人能從容應對，以一種「留得青山在，不怕沒柴燒」的心態，來面對生活中的種種障礙。

從歷史上來看，大凡成功者都是臉皮厚的人，其中最為著名的莫過於「斬白蛇起義」的漢高祖劉邦。李宗吾先生在《厚黑學》中說：「劉邦天資既高，學歷又深，把流俗所傳君臣、父子、兄弟、夫婦、朋友五倫，一一打破，又把禮義廉恥掃除淨盡，所以能夠平蕩群雄，統一海內，一直經過了四百幾十年，他那厚黑的餘氣，方才消失，漢家的系統，於是乎才斷絕了。」

無論劉邦的厚臉皮怎麼被後人詬病，不得不說的是，他每次無賴之後，都能得到實實在在的好處。

少年時期的劉邦不學無術，貪杯好色，整日呼朋喚友，遊手好閒，到處賒酒蹭吃，其嫂子忍無可忍後破口大罵，劉邦卻當成耳邊風。無奈之下，嫂子想了一招，看到劉邦走進自家大門，便用飯勺猛刮鍋底，弄得震天響。劉邦以為錯過了吃飯時間，失望地打算離開，可是轉到廚房一看，灶上熱氣騰騰，才知嫂子使詐，轉身長嘆，從此才不再來。

到了而立之年，劉邦才謀到了一個差事，到離家百里的泗水當亭長。

一次，縣令的好友呂公請客，規定：「進不滿千錢，坐之堂下。」身無分文的劉邦卻大搖大擺地去赴宴，口出狂言「賀錢萬」。進去之後，又用污言穢語轟走了其他客人，自己堂而皇之地坐了上座。劉邦此次的表演，放到現代社會，就是一個徹頭徹尾的流氓無賴，但他最終還是得到了好處——呂公將自己的女兒呂雉嫁給了劉邦。

楚漢相爭時，劉邦的老爹被項羽抓去逼劉邦投降，說如果你不投降，就把你老爹煮了。劉邦聽後卻笑道：「我倆結義兄弟，我父即你父，如若烹煮而食，請分我一杯羹。」項羽為性情中人，見此招無效，只得作罷，之後還放回了劉父。

當了皇帝之後，劉邦仍不改無賴之習性。有一次，一個大臣去見他。可這時劉邦正摟著一個女子戲耍，玩得高興，全然不顧大臣在場。大臣氣得掉頭便走。劉邦放下女子便去追，追上大臣後，他將大臣按在地上，騎在大臣的脖子上，問：「你看我如何？」

大臣說：「我看你就是桀紂一類的暴君。」

劉邦大怒，竟拿起大臣的帽子往裡面撒尿！

面子重要，還是實實在在的利益重要？劉邦告訴我們，該要無賴時還得要無賴，該不要臉時還得不要臉！

俗話說：「沒心沒肺，活著不累。」此話含義有二：一是傻裡傻氣、糊裡糊塗地活著，就不會太累；二是不過分地在乎顏面，善做凡人，才能活得長久。

人要快樂長壽，臉皮就應該厚一點。就是做了壞事，犯了錯誤，也不要自己跟自己過不去。在人生路上，誰也難免光做好事不做壞事，就看能否接受教訓，由壞人變成好人了。「人要臉，樹要皮」，本來這是做人的美德，但不能過分地要臉面，否則有時也會害了自己。人不要臉，就是不要對健康有害的臉面。

有高人曾總結了成功的三要素：一、堅持；二、不要臉；三、堅持不要臉。此話雖然言過其實，卻有可取之處。

## 人在屋簷下，一定要低頭

老百姓有句俗語：「人在屋簷下，不得不低頭。」意思是說，人在權勢和機會不如別人的時候，不得不低頭退讓。

從理論上來講，人與人之間的關係是平等的。不過，在具體的交際中，由於雙方的目的不同，會使交際者之間出現暫時的尊卑差別。求方為卑，助方為尊。「求人矮三分」，說的就是這個道理。

在有求於人或寄人籬下的時候，我們就要學學古錢幣——外圓內方：「邊緣」要圓滑，「內心」要守得住。既不能丟掉自己的目標和原則，又要在強敵壓境的情況下圓滑以對，借此取得休養生息的時間，以圖將來東山再起。

有人問蘇格拉底：「您是天下最有學問的人，那麼您說天與地之間的高度是多少？」

蘇格拉底毫不遲疑地說：「三尺！」

那人不以為然：「我們每個人都有五尺高，天與地之間只有三尺，那不是要戳破蒼穹嗎？」

蘇格拉底笑著說：「所以，凡是高度超過三尺的人，要立於天地之間，就要懂得低頭。」

雖然「人在屋簷下，不得不低頭」這句話洞明世事人情，可是卻有加以修正的必要。因為「不得不」這三字裡面充滿了無奈、勉強、不情願，這種「低頭」太痛苦、太被動，因此這句話應改為「人在屋簷下，一定要低頭」！

所謂的「屋簷」，說明白些，就是別人的勢力範圍。換句話說，只要你在這勢力範圍之內，並且靠這個勢力生存，那麼你就在別人的屋簷下了。這屋簷有的很高，任何人都可抬頭站著，但這種屋簷不多，以人類容易排斥「非我族群」的天性來看，大部分的屋簷都是非常低的！

「一定要低頭」意味著不必等旁人來提醒，更不用等撞到屋簷感覺到疼了才低頭。這是一種對客觀環境的理性認知，沒有絲毫勉強，所以根本不須要難為情或不好意思。與生存相比，顏面又值多少錢？

被稱為「美國之父」的富蘭克林，一生功績卓絕，這與他的一次拜訪不無關係。

一次，富蘭克林到一位前輩家拜訪，一進門，頭就狠狠地撞在了門框上，他一邊用手揉搓，一邊打量著格外低矮的門。

出來迎接的前輩看到他這副樣子，說：「很痛吧？可是，這將是你今天來訪問我的最大收穫。一個人要想平安地活在世上，就必須時時刻刻記住『低頭』，不要忘記了。」

富蘭克林牢牢記住了前輩的教導，並把它當作一條重要的行為準則。

能屈能伸，是做人的必備態度，做人如果過於死板和僵化，那成功將永遠遠離你。

有這樣一篇外國漫畫，題目叫《陷阱》。其實畫中沒有井，而是人們乘坐在火車上，前面不遠處的路邊有個很大的招牌，上面畫著一個逼真的裸體女子，有的人在車廂裡看覺得不過癮，便把頭伸出車窗。這些好色之徒全然不知一場災難將要面臨。因為招牌不遠處就是隧道，那隧道僅恰恰能容納火車通過，疾駛而去的火車把那些好色之徒伸出車窗的腦袋永遠留在了招牌旁。

這只不過是一篇漫畫而已，就無須考究它的真實性了。但它告訴我們一個簡單的道理：假設「色慾」能收斂一點，只在車廂裡看，或者發現前面有人遇難了，趕緊把頭低下、縮回來，就可以倖免了。

古語說：「尺蠖之曲，以求伸也；龍蛇之蟄，以求存也。」「低頭」的目的是為了積蓄自己的能量，好走更長遠的路，更是為了把不利的環境轉化成對你有利的力量，這是處世的一種柔軟、一種權變，更是人性叢林中的一種生存智慧。

當然，頭低得太久了，脖子肯定會疼，但揉一揉、忍一忍也就過去了。

## 在你沒有成就以前，切勿過分強調自尊

二〇一二年，美國權威財經雜誌《富比士》公布了「全球億萬富豪榜」，共有一千二百二十六名富豪登上榜單。根據《富比士》的統計，白手起家的創業者和繼承家族財富的「富二代」恰好各占一半。

至於要如何成為富豪，學術界已經歸納出五大祕訣，除了發揚創意、眼光獨到等外，「臉皮要特別厚」居然是第一要素！

專家調查發現，富豪的行為模式異於常人，常做出違反社會常規、讓人恨得牙癢癢的事。美國最大零售商沃爾瑪的創辦人山姆．奧爾頓經常擾亂市場價格。一旦逮到機會，他便跟供應商殺價。山姆．奧爾頓說過，如果你想當好好先生，最好打消富豪夢。

傳統的儒家思想教育我們：志士不飲盜泉之水，廉者不受嗟來之食。這種強烈的自尊自強意識著實可嘉，但在新時代新形勢下，仍然抱此觀念不放，守著一張臉皮不放，就稱得上是千古愚人。

看看下面的這個笑話：

在一個招聘會上，許多年輕人都在爭奪著一個職位，奇怪的是，這家公司並沒有告訴應聘者這是一份什麼工作。

一個西裝革履的人不無得意地說：「我是雙碩士。」

接著另一個聲音響起了：「我博士後。」說話的是個中年人，神情十分傲慢。

還有個小夥說：「我九〇後。」

這時，一個年輕人把手舉得高高的，大聲說：「我臉皮厚。」

最後，這個年輕人得到了這份工作，原來這家公司只是在招聘推銷員。

厚臉皮的人能比別人早一步抓到好機會，也能比別人抓到更多的機會，因為他沒有身段的顧慮。

美國經濟大蕭條時期，有成千上萬的大學畢業生找不到工作。傑森雖是史丹佛大學經濟管理專業的高材生，但也一樣淪落到沒畢業先失業的困境。

為了解決溫飽問題，傑森決定去一家小計程車公司應聘，這家公司正在招聘計程車司機。他邀請同學一起去應徵，但卻遭到了大家的嘲笑：「嘿，哥們，我們可是史丹佛大學的畢業生，怎能去做那種工作？太丟臉了！」然後，傑森一個人去當計程車司機，其他大多數同學依舊在尋覓著有「面子」的工作。

傑森因為熟諳經營管理之道，將生意打理得異常之好。沒過多久，計程車公司經理看中他的經營才能，把他調到身邊做了助理。若干年後，經理歲數大了準備退休，但他的子女沒有一個願意經營這個只有十幾輛車的小公司，經理便以極低的價格把公司轉讓給傑森。

有了自己的公司，傑森能夠全力地發揮自己的經營才能。幾年之後，這家小公司已經拓展成擁有一千多輛各類汽車、兩家子公司，資產上億美元的大型企業，而他的那些同班同學大多數還只是朝九晚五的普通白領。

傑森在談起自己的成功經歷時說：「我們這一代人，大多數在找工作時考慮的並不是這個行業有沒有發展前途、會不會給自己帶來新的機會，而是考慮眼前做這個工作是不是很丟人。雖然有些工作在表面上看來很低賤，但對於一個急需維持生計的人來說，任何工作都是可以嘗試的。只要你去努力了，並堅持下去，生活就永遠會充滿希望，機會的大門才有可能為你打開。」

這個例子告訴我們，那些死要面子、恥於從底層做起的人，最終也會失去發展的機會。面子換不來麵包，要想成功不妨學一下「厚黑」之道。

比爾．蓋茲在一次應邀參加的畢業典禮上，面對即將走出校門踏入社會的青年一代，說了這樣一句話：「這個世界不會在意你的自尊，人們看到的只是你的成就。在你沒有成就以前，切勿過分強調自尊。」

有一個富婆帶著自己的狗走在街上。經過天橋時看見一個乞丐，她便想去奚落一下他。她走過去說：「你對我的狗叫一聲『爸』，我就給你一百塊。」

乞丐說：「要是我叫十聲呢？」

富婆不耐煩地說：「笨蛋，那不就是一千塊嗎。」

於是，乞丐就對著富婆的狗叫：「爸，爸，爸，爸，爸，爸，爸，爸，爸，爸。」

周圍的人都來觀看那位富婆從手袋裡拿出一千塊給他，這時乞丐對著富婆說：「謝謝，媽！」

在沒有得到利益之前，千萬別過分強調自尊；但在得到利益之後，就可以把丟失的臉面要回來了。這名乞丐可謂將「厚黑」發揮到了極致。

自尊是什麼？說到底，它什麼都不是。但是，這並不意味著它不需要保護，因為它很薄，很容易就會被刺破。這就需要培養一種坦然的心態，要能夠拿得起，還能夠放得下。厚臉皮是維護自尊的一種有效方式，就等於在心裡的某個角落為你的自尊建一座小房子，將它與傷害隔離開來。等到你成功時，再打開房門，讓它出來。

## 臉都不要了，還怕什麼

「臉都不要了，還怕什麼？」只有拿出這個氣魄做人做事，最終才可能事業有成，成為人上之人。

近代著名學者、「厚黑教主」李宗吾先生宣揚臉皮要厚如城牆，心要黑如煤炭，這樣才能成為「英雄豪傑」。他列舉了曹操、劉備、孫權、司馬懿、項羽、劉邦等人物為例，試圖證實各人臉皮之厚薄與心之黑白是如何影響他們的成敗的。

他在《厚黑學》中寫道：

> 我自讀書識字以來，就想成為英雄豪傑，求之四書五經，茫無所得；求之諸子百家，與夫廿四史，仍無所得，以為古之為英雄豪傑者，必有不傳之祕，不過吾人生性愚魯，尋他不出罷了。窮索冥搜，廢寢忘食，如是者有年，一日偶然想起三國，想起三國時幾個人物，不覺恍然大悟曰：得之矣，得之矣，古之為英雄豪傑者，不過面厚心黑而已。
>
> 劉備的特長，全在於臉皮厚：他依曹操，依呂布，依劉表，依孫權，依袁紹，東竄西走，寄人籬下，恬不為恥，而且生平善哭。做三國演義的人，更把他寫得維妙維肖，遇到不能解決的事情，對人痛哭一場，立即轉敗為功。所以俗語有云：劉備的江山，是哭出來的。

李宗吾先生可謂一語驚天下，「古之為英雄豪傑者，不過面厚心黑而已」，這句話道盡了為人處世的技巧與精華。

我們常說「面子乃身外之物」，不過在現實生活中，還是有不計其數的人將面子看得比任何東西都要重要。

有個公司的老闆特別愛面子，由於經營不善，公司破產了。重創之下，這個老闆爬上了醫院大樓的頂樓，這下引來了許多人，親人、警察、路人站了裡三層外三層，連媒體記者都來了。

老闆一見這陣勢倒覺得挺得意的，沒想到自己尋個死也能引來這麼多人圍觀，他感覺倍有面子。往下一看，嚇一跳，樓還挺高！雙腳不禁打起哆嗦來。

可是這麼多人看著，就這麼下去也太沒面子了。幾個警察不停地對他喊話，做溫情喊話，還想上前將他強行抱下來，死要面子的老闆卻作勢要往下跳，警察們只好作罷，就這樣僵持了三個多小時。正頭痛的時候，醫院裡的一個工作人員說他有辦法讓老闆自己下來，警察們也正無計可施，便決定讓他試一試。

只見他慢慢走過去，老闆忙說：「你不要勸我了，我今天非跳不可。」

這位工作人員笑了笑說：「先生，我不是來勸您的，只是我剛才去瞭解了一下，這醫院最近死的人挺多，太平間的床位都滿了，不提前預訂一個床位，您的遺體就只能躺走廊了，您看……」

老闆一聽，趕緊從樓頂走下來了，還一邊抱怨：「這什麼破醫院，連個床位都沒有，這事你搞定……」

為了找回這些無關緊要的面子，到頭來受罪的還是自己，真是一筆不划算的買賣。所以，與其因為挽回這身外之物而失去更多重要的東西，還不如讓自己學會忍耐，也許會獲得更美好的東西。

宋朝有個大臣叫丁謂，非常善於拍馬屁。當時的皇帝宋真宗信奉道教，丁謂就大建道觀，獻上奇珍異品，極盡獻媚討好之能事。真宗皇帝大喜，升他為副宰相。

有一次，宰相寇準與丁謂一起在朝房用飯，寇準不慎，鬍子上黏了一些飯粒。丁謂見了，忙上前親自為寇準溜鬚拂拭，並把寇準的鬍鬚大大讚頌了一番，寇準忍不住笑了：「難道天下還有溜鬚的宰相嗎？」丁謂從此得一個「雅號」：溜鬚宰相。

無獨有偶，南宋寧宗時，宰相韓冑在都城臨安吳山修建了一座別墅，取名「南園」。其中竹籬茅舍，小橋流水，一派田園景象。

一日韓宰相遊其間，感到美中不足：「竹籬笆，茅草房，真有農家田院的味道，只可惜，少了一點雞鳴狗叫聲。」

沒想到，不一會兒，就從樹叢裡傳出狗叫聲。原來是一個叫趙從善的隨從在學狗叫。韓冑哈哈大笑，一高興封了他一個工部侍郎，當時人稱「狗叫侍郎」。趙從善為了討韓宰相的歡心，竟然模仿雞鳴狗叫聲！雖然扭捏作態的阿諛之樣讓人作嘔，但對他本人的仕途而言，卻有百利而無一害。

唐代有個叫王播的人，早年死了父親，家境清寒，曾經住在揚州的一所寺廟裡讀書，到了吃飯時間就跟著僧人吃免費的齋飯。住得久了，和尚討厭這個蹭飯的，故意將開飯敲鐘改為飯後才敲。王播聽到鐘聲趕去吃飯，人家卻早吃過了。在這樣的情況下他也沒有負氣出走，而是繼續苦讀、蹭飯。

二十年後，王播做了高官，舊地重遊，前呼後擁，看到自己以前住在廟裡時寫在壁上的字都被覆上碧紗精心保護起來，感慨萬千，於是在牆上題詩：「上堂已了各西東，慚愧闍黎飯後鐘。二十年來塵撲面，如今始得碧紗籠。」

可見，大凡有智謀者，臉皮必厚，因為他自知玄機，對事情發展的良好結局充滿自信，他們可以忍受一切，包括最沒「面子」的處境。

厚臉皮，能使我們挖掘自身的潛力，不會「一朝被蛇咬，十年怕草繩」，從此失去奮鬥的勇氣，反會激發無窮的創造精神和奮鬥意志，把自己的能量發揮到極限。

## 爺爺都是從孫子走過來的

在漢語的語境裡，孫子有很多種含義，可以是孫輩，比如外孫、外孫女，也可以是罵人的話，比如說「這孫子」——褒貶不一，全看用在什麼時候。

老北京人常把「裝孫子」掛在嘴上，其意思是說某人在別人面前低三下四、忍氣吞聲，奴顏婢膝。這種說法一直在北京流傳，也許是因為北京獨特的歷史，北京自元朝起一直就是中國的政治中心，高級的官員尤其多，所以地方小官到了北京就只能「裝孫子」。

「裝孫子」裝得堪稱表率的，非和珅莫屬。一部《宰相劉羅鍋》，讓全國人都領略了和大人的「孫子」風采。能趴在地上與一條哈巴狗一起爬來爬去，博皇上主子一笑，這水準一般人絕對做不到。

在現代生活中，許多人對「裝孫子」這個詞的理解比較負面，也比較蔑視那種擅長「裝孫子」的人。其實不然，「裝孫子」絕不是單純的唯唯諾諾或是低三下四，也不是唯命是從或毫無個性，「裝孫子」是高情商的人的高明手段。古往今來，從東方到西方，有許多利用厚臉皮獲得成功的事例。他們之所以能夠成功，就是因為他們練就了刺不進、紮不透的厚臉皮，練就了一身「裝孫子」的本領。

戰國時代，吳越交戰，越兵大敗，越國大夫文種建議越王勾踐說：「現在情勢危急，我們只有馬上請求吳國講和。」

勾踐說：「萬一吳國不肯講和，怎麼辦呢？」

文種說：「吳國的太宰伯嚭，貪財好色，嫉賢妒能，卻得到夫差的寵信。相國伍子胥功高自負，二人一向不合，常有矛盾。我們如果能討太宰歡心，向他求和，太宰跟吳王一說，事情就能辦成。這時即使伍子胥阻撓，吳王也不見得會採納。他們君臣不同心，對我們更加有利。」

於是勾踐派文種以美女八人、白璧二十雙、黃金千斤前往吳國賄賂伯嚭。

吳王夫差果然被伯嚭說動，答應與越王講和，條件是要勾踐和他的妻子一塊兒到吳國，當夫差的僕人。於是，勾踐裝了一車的寶物，挑選了三百多個美女，滿懷悲憤地前往吳國。

臨行前，文種安慰勾踐：「以前湯被關在夏台，文王被關在羑裡，後來都成就了王業；齊桓公曾逃亡莒國，晉文公曾逃往翟國，以後也都成就了霸業。一個人不怕吃苦，怕的是沒有志向。你暫且忍耐。」

勾踐到了吳國，光著上身，跪在台階上覲見夫差，他的妻子跪在後面。

勾踐向吳王討饒說：「臣子勾踐，不自量力，得罪大王，罪該萬死，謝謝您肯赦免我，使我有機會當您的奴隸，我心中十分感激。」

吳國的老臣伍子胥，知道不能留勾踐，否則一定有後患，但是夫差不聽，他讓勾踐夫婦住在破爛石屋裡頭，專門做養馬的賤事。

從此，勾踐換上馬夫的衣服，一天到晚鋤草、養馬。勾踐的妻子也整天蓬頭垢面，做打水、除糞、掃地、清理垃圾等工作，二人餓得只剩下皮包骨頭，但卻從沒有一句埋怨的話。夫差騎馬出門的時候，勾踐拉過馬，恭恭敬敬地獻上轠繩，他甚至誠心誠意地幫夫差牽著馬穿過市井，這一切，讓有意刁難他的夫差無可奈何。

有一次夫差患病，期間要大便，勾踐趕忙把便桶拿到床前，幫夫差擦身，隨後又把便桶提到外面，在眾目睽睽之下，跪在地上親嘗糞便。他回到寢宮，用無比喜悅的語調對夫差說：「病人的糞便如果不臭，性命就有危險；如果是臭的，就表示正常。大王的糞便是臭的，一定會很快痊癒的。」

勾踐的這一舉動使夫差非常感動，他說：「一個人至重的是生命，最苦的是疾病。勾踐為了寡人的病，不惜親嘗糞便，勾踐真是一個仁至義盡的人啊。寡人卻把他當囚犯對待，實在慚愧得很。」於是就提前把勾踐釋放回國。

回國後的勾踐，再也不是以前那個甘居人下的勾踐了，他發誓要報仇雪恨，幾年來的忍辱負重就是為了這一天。為了激勵自己，他晚上睡在柴草上，還在屋頂上吊了一個苦膽，無論是站著、坐著，還是吃飯，都要先嘗嘗苦膽的苦味，以警示自己，這就是「臥薪嘗膽」的由來。

西元前四八二年，吳王夫差率領吳軍北上爭奪霸權，在黃池大會諸侯，爭當盟主。勾踐抓住這個有利時機，向吳國發動突然襲擊，包圍姑蘇，焚燒了姑蘇台。夫差得知消息，狼狽回軍救援。

在姑蘇城外，越軍大敗吳軍。夫差向勾踐求和，勾踐說：「二十年前，蒼天把越國賜予你，你不接受。現在它又把吳國賜予越國，我不敢拒絕。」夫差求和無望，被迫自殺。吳國就此滅亡了。

由此可知，勾踐的「裝孫子」不是白裝的。他遇強則避，看上去是一個軟柿子，任別人捏來捏去；一旦他具備了實力後，馬上東山再起，殺對方一個措手不及，華麗地完成從「孫子」到「爺爺」的乾坤大挪移，其手段之高明令人不得不歎服。

## 世界如此複雜，你要學會裝傻

有一個小男孩，笨頭笨腦的，大家都叫他傻子。每當有人拿一枚五元和一枚十元的錢給他，他總是去拿五元的。此事漸漸傳開了，很多人都用這種方法試他、嘲笑他。小男孩每次都是面帶微笑地拿起五元，轉身就走。

一個智者聽說此事，便親自來試，發現果然如此。智者哈哈大笑，拍著小孩的肩膀說：「真是聰明的小孩！」男孩也笑了。

誠如智者所言，小孩的這種「傻」不是真傻，而是大智慧，是高超的處世技巧。

古人說：「水至清則無魚。」世上有些事情必須是非確鑿，涇渭分明，而有些事情卻不必過分認真，甚至還須裝點傻。

只要是懂得生存之道的人，就明白什麼是「真傻」，什麼是「裝傻」。

這個世界上真傻的人並不多，真傻者，不懂鉤心鬥角，分不出眉高眼低，不會察言觀色，不會見風轉舵，不會八面玲瓏，不會欲擒故縱；真傻是無話可說，因為想說也沒得說，說了也是十句有八句錯，且多數時候沒有人聽他們說，所以不如不說。

裝傻即大徹大悟型，他們雖上知天文，下知地理，知彼知己，事事預料如神，可就是寧可爛在肚裡也不說，總擺出一副什麼都不知道、什麼都不清楚的樣子。他們不管處在什麼樣的環境中都能夠左右逢源，活得很是舒坦，活得逍遙自在，活得遊刃有餘。

《老子．供德》中說：「大巧若拙，大辯若訥。」意思是最聰明的人，雖然有才華學識，但平時像個呆子，不自作聰明；雖然能言善辯，但好像不會講話一樣。這說明，一個人要學會自我保護，學會裝傻。

一個人裝聰明不容易，裝傻則更難，而一輩子裝傻更是難上加難。

歷史上製造安史之亂的安祿山就是一個「裝傻充愣」的典範。安祿山在發動兵變之前，用了整整十年時間施行「假陽行陰」的計策。安祿山的「假陽」就是故意裝出癡直、篤忠的樣子，贏得唐玄宗百般信任，對他毫不防備。

安祿山是混血胡人，父親是康姓粟特族人，母親是突厥族人，因母親改嫁安姓突厥人，改姓安。此人好妒忌、殘忍，且多智謀，擅長揣度人的心思。早年因偷羊，幽州節度使張守珪要處死他，安祿山說：「你不是想消滅契丹人嗎？奈何打殺壯士？」張守珪見安祿山膀大腰圓，還有幾分膽識，於是改變主意，將他收在了麾下。一隻腳已經踏進鬼門關的安祿山，就這樣撿回了一條命，並且陰差陽錯地走上了發跡之路。

西元七三六年，安祿山因驍勇善戰升任平盧討擊使、左驍衛將軍，入朝時玄宗常常接見他，並對他特別優待。

有一次，他上奏說：「去年營州一帶昆蟲大嚼莊稼，臣焚香祝天：我如果操行不正，事君不忠，願使蟲食臣心；否則請趕快把蟲驅散。下臣祝告完畢，當即有大批大批的鳥兒從北而來，昆蟲無不斃命。這件事說明只要為臣效忠，老天必然保佑。應該把這事寫進史書啊。」

多麼荒唐可笑的話，玄宗竟信以為真，並更加認定他憨直誠篤。

安祿山是東北少數民族，他常對玄宗說：「臣生長番戎，仰蒙皇恩，得極寵榮，自愧愚蠢，不足勝任，只有士為國家死，聊報皇恩。」玄宗聽了，十分高興。

安祿山吃得越來越胖，腹垂至膝下，走路時還要左右僕人扶持才能邁動身子，但見到皇上時，他就成了手舞足蹈的小丑。唐玄宗曾開玩笑地問他：「你這個胡人，肚子裡有什麼東西，大到如此程度？」

安祿山巧妙地回答：「只有一顆對陛下的忠心！」安祿山厚臉皮的功夫真是到家了，唐玄宗大喜之下，便將女兒許配與安祿山長子安慶宗。

有一次，安祿山上殿覲見玄宗，當時太子也在場，可安祿山卻視若無睹，只拜皇帝，不拜太子。旁人提醒他，他卻一臉無辜地說：「臣是胡人，不懂朝中禮儀，不知太子是何官？」

玄宗笑著向他解釋：「這是儲君，朕千秋萬歲後，將代朕君臨天下。」

安祿山似懂非懂地說：「臣愚鈍，向來唯知有陛下一人，不知還有儲君。」說完才不情不願地向太子行禮。

其實，誰都看得出來，安祿山這是在演戲，但是這齣戲卻沒人願意拆穿。安祿山裝傻充愣，目的就是要拐著彎兒向玄宗表達赤膽忠心。而對於玄宗來說，安祿山竟然為了討好他而不惜得罪未來的主子，這份忠心實在無人可及，所以也不會怪罪。

西元七五一年，為了方便安祿山入朝覲見，玄宗就在親仁坊為他修建一座宅邸，並下令只求富麗堂皇，不必顧惜財力。豪宅落成後，裡面的所有傢俱器物皆為皇家用品，甚至連鍋碗瓢盆、篩子籮筐等物，都用金銀打造。

玄宗當時正寵著楊貴妃一家子，如今又寵了安祿山，於是乾脆把他們撮合到一塊，叫楊貴妃的兩個哥哥和三個姐姐都跟安祿山結拜。從此，安祿山更加頻繁地出入宮禁，與楊貴妃的關係也日漸親密。不久，他又向玄宗提出了一個請求——認楊貴妃為乾媽。

四十五歲的安祿山認二十八歲的楊貴妃為母，真是肉麻到了極點，沒想到玄宗居然同意了。之後，安祿山每次入宮，都是先拜貴妃，再拜皇帝。玄宗不解，問他何故，安祿山恭恭敬敬地說：「我們胡人的習俗，都是先拜母親，後拜父親。」玄宗釋然，對安祿山的憨厚和樸實添了幾分好感。

許多人都察覺了安祿山的叛亂陰謀，一再向玄宗提出。但唐玄宗被安祿山「賣傻裝憨」所迷惑，將那些奏章看作是對安祿山的妒忌，對安祿山不僅不防，反而予以同情和憐惜，不斷施以恩寵，讓他任平盧節度使兼范陽節度使等要職。

安祿山並不是一個真正有雄才大略的英雄，他後來的失敗就證明了這一點。然而，就是這樣一個目光短淺的無賴之徒，竟然把大唐皇帝打得潰退千里，也足見「賣傻裝憨」的效力了。

## 我是流氓我怕誰

「脫下××，我就是流氓！」這是之前很流行的一句話。醫生說：脫了白大褂，我就是流氓！教師說：出了校門，我就是流氓！員警說：脫下警服，我就是流氓……似乎放眼望去，到處都是流氓。

那麼，什麼樣的人才屬於真正的流氓呢？「流氓」一詞究竟起源於什麼時候？

《說文解字》上說：「氓，民也，從民，亡聲。」氓，本義是百姓，在周朝指野民，即居住在鄙野地區從事農業生產的奴隸。自從它變成雙音詞後，就成了「流氓」，意思也跟著變了。「流氓」一詞在《現代漢語詞典》中有兩個解釋：一、原指無業遊民，後來指不務正業、為非作歹的人；二、指調戲婦女等惡劣行為。不管從哪個解釋上說，它都代表了不被普通人接受的一類人或一種行為。

魯迅在《流氓與文學》中說，流氓的形成，大約因兩種人：一種是孔子之徒，就是儒；一種是墨子之徒，就是俠。這兩種東西本來很好，可若是他們的思想墮落，就會慢慢地演變成了流氓。

流氓按其種類可分為政治流氓、文化流氓、商業流氓、科學流氓等，按其造詣深淺又可分為大流氓和小流氓。

小流氓即是痞子，吃飯不給錢，喝酒不給錢，買東西不給錢等等。他們喜歡拿黑道白道說嘴，口頭禪是「我是道上的人」，生怕有人誤以為他們是好人，恨不能把「我是流氓」刻在腦門上、刺在臉蛋上。小流氓常常是孤家寡人，顯得寒酸，屬於「大罪不犯，小罪不斷，槍斃不夠條件」的那種。這種小流氓，只能欺負底層的人，真碰上厲害的人物如大流氓，他是不敢惹的。

小流氓有個鼻祖：《水滸傳》中的牛二，因欺負錯了人，被楊志一刀切下了腦袋。這也正反映了小流氓道行的淺薄，不僅智商低，對人的認識也太淺。

大流氓就不同了，他們西裝革履，戴金邊眼鏡，談吐儒雅，往往把自己打扮成企業家、政治家，甚至是外表斯文的藝術家或者科學家之類。大流氓有很獨特的人格魅力，也有很強大的號召力，代表人物有呂不韋、劉邦、曹操、袁世凱等。

「少不讀《水滸》，老不讀《三國》」，這是我們很小就聽到的一句忠告。意思是說，《水滸》裡面殺氣太重，青少年看了很容易滋生乖張暴戾之氣；《三國》裡面陰謀太盛，年長一些的人看了容易陷入權術和陰謀之中。

的確，《三國》中，充斥著對於謀略的描述。玩權謀玩得最厚黑、最流氓的人，要數「寧可我負天下人，不可天下人負我」的曹阿瞞無疑了。

曹操的流氓才能從很小的時候就有所表現。他小時候不愛讀書，經常趁父母不注意的時候溜出去玩。他叔叔看不下去了，覺得這孩子不嚴加管教不行，於是向曹操的父親曹嵩告狀，說曹操整天遊手好閒，不務正業。曹嵩聽了便責罵曹操。

曹操非常生氣，心生一計。一天在路上碰上他的叔叔，曹操啪的一聲倒在地上，口吐白沫，假裝中風。他的叔叔見他在那邊抽搐，趕緊跑去告訴曹嵩。

曹嵩聽了大驚，急忙回家探視。一回家，見曹操嬉戲如常，驚訝地問道：「剛才你叔叔說你中風，怎麼一會兒就好了？」

曹操笑嘻嘻地說：「我好端端的，沒有得什麼病啊。」

曹嵩說：「可你叔叔明明說看到你中風了。」

曹操說：「我一向是沒有病的，只是叔叔不待見我，所以才這麼說的。」

曹嵩相信了他的話，從此以後，叔父再說曹操的壞話，曹嵩就都不信了。因此曹操便得以為所欲為，「恣意放蕩，不務行業」。

曹操聽說汝南有一位相士，人稱許神仙，相術甚高，於是他特地去求見。曹操問：「你看我是一個什麼樣的人？」

許神仙沒有理會他，曹操再三追問，許神仙才看了他一眼，說：「你呀，是治世之能臣，亂世之奸雄。」

曹操聽了，一點也不生氣，反而給了許神仙許多錢，大喜而歸。

袁術佔據淮南稱帝，曹操帶三十萬大軍進攻袁術。兩軍長時間對峙，軍糧跟不上，一時無法解決。為了解燃眉之急，曹操下了一道密旨，命令管糧官王垕，讓他每一天剋扣一點軍糧，今天大家吃一斤米，明天剩下九兩，後天就剩下八兩了……

軍士們漸漸吃不飽了，於是怨聲四起。這時曹操知道軍糧快要運到了，便出爾反爾，下令把王垕的腦袋割下來，向全軍宣佈王垕「故行小斛，盜竊官糧」的罪狀。

在殺王垕之前，曹操對他說：「欲借汝頭以示眾耳。」王垕覺得自己無罪，曹操說：「吾亦知汝無罪，若汝不死，三十萬人心皆變矣。」

剋扣軍糧，原本是曹操自己出的計策，王垕卻做了替死鬼。從道義上說，這一行為的確非常卑鄙醜惡。

建安三年夏四月，曹軍出兵討伐張繡。行軍途中，正趕上一路上麥子都熟了，農民因戰亂逃亡，來不及收割麥子。為了取得民心，曹操下了一道命令，轉達給附近的村民和各處守境官吏：「此去，大小將校，凡過麥田，但有作踐者，並皆斬首。」

不料，曹操的戰馬突然被一隻鳥驚動，竄到麥田裡頭，踐踏了麥子。

曹操馬上下令部隊停下來，要處置這件事情。他叫來行軍主簿，擬議自己踐踏麥田之罪，說：「吾自制法，吾自犯之，何以伏眾乎？」於是拔劍做出要自殺的樣子來。

眾將官都來求情，郭嘉還舉出「法不加於尊」的《春秋》之「義」，說：「丞相總統大將，豈可自殘害也？」

這時曹操才說：「既《春秋》有『法不加於尊』之義，吾暫記過。」於是用劍割下自己的一縷頭髮，扔在地上，說：「割髮權代首耳！」

這件事使得「萬軍悚然」，此後行軍途中，對百姓的麥田都秋毫無犯。

曹操生怕遭人暗算，揚言說自己有「特異功能」，誰要是在他熟睡時靠近其臥榻，他便能覺察到。他還對侍臣和姬妾們說：「我睡覺的時候千萬不可靠近我，一靠近我，我便殺人，而且我自己都不知道。」

一日，曹操佯裝熟睡，故意沒蓋被子，一個近侍忘了曹操「夢中殺人」的話，好心去幫他蓋上被子，結果好心未得好報，被曹操一劍砍死了。從此，在曹操睡覺的時候，左右誰也不敢靠近其臥榻。

曹操還聲稱自己「人欲危己，己輒心動」。他在私底下對一個侍從說：「你暗藏刀子來到我的面前，我說我的心動，然後佯裝要殺你。你不要說是我安排的，就一定不會有事。事後我有重賞。」那個侍從信以為真，懷藏刀子靠近曹操，曹操遂大叫「心動」，令人將那個侍從拿下，果然從其懷中搜出了利刃。曹操立即下令將那個侍從斬首。

曹操「耍流氓」的例子還有很多，如「一瓜殺三妾」、「代人捉刀」等。

曹操陰險狡詐、兇殘多疑，他笑的時候也許是在哭，他哭的時候也許是在笑，可是他又是一個非常爽直的人，處處透露出一股「我是流氓我怕誰」的強橫，甚至賴皮的霸氣。

## 求人辦事遇冷落，切勿拂袖而去

朋友喜得貴子，大擺筵席，請你去赴宴。你帶著禮物興沖沖去了，可是等了半天，不但沒見到朋友的面，就連侍者都沒過來招呼。你會怎麼做？

A. 拂袖而去；

B. 靜靜等待朋友過來；

C. 擠出笑臉，主動去找朋友；

D. 大聲喊「怎麼回事啊」，然後發脾氣。

參與此項調查的人，有85％選擇了「拂袖而去」，原因是他們受不了被當成空氣的尷尬。

在與人相處時，人們總希望別人對自己熱情、周到、彬彬有禮；在一個團體中工作時，人們也總希望他人對自己予以足夠的關注、重視。可是，現實生活中，被人冷落的現象時有發生。對此，不同的人有不同的反應：或火冒三丈，或拂袖而去，或懷恨在心。這樣的反應其實是不利於辦事的，有時甚至會因小失大。因此，我們應該先瞭解受到冷落的具體情況，再做出不同的反應。

若按遭冷落的成因而分，無非以下三種情況：

1. 自感性冷落，即估計過高，對方未使自己滿意而感到的冷落；

2. 無意性冷落，即對方考慮不周，顧此失彼，使人受到冷落；

3. 蓄意性冷落，即對方存心怠慢，使人難堪。

當你被冷落時，要區別情況，弄清原因，再採取適當的對策。

**◎ 對於自感性冷落，你需要確定自己不是一個妄想者**

生活中往往有這樣的情況，去見朋友，本以為對方會熱情招待，甚至腦子裡已經浮現出了一幅場景：笑臉、美酒、佳餚……可是，到達現場卻發現對方並沒有這樣做，而是採取了低調接待。這時，心裡就容易產生一種失落感。

其實，這是一種「假」冷落而非「真」冷落。客觀上對方並沒有人冷落我們，只是我們對對方的期望過高。對方對我們的熱情度並不如我們所期待的那樣高，因為先入為主的想法和實際情況形成反差，這完全是一種主觀上的誤會。

有個人去拜訪一個多年不見面的老同學。這位老同學如今已是商界的風雲人物，每天造訪的人很多，感到很疲勞，大有應接不暇之感，因此，對一般關係的客人，一律不冷不熱待之。

這位朋友本以為會受到熱情款待，這時心裡頓時有一種被輕慢的感覺，認為此人太不夠朋友，小坐片刻便藉故離去。他憤憤然，決心再不與之交往。後來他才知道，這是此人的一貫待客方針，而不單單是針對某個人的。再仔細想想，自己並未與人家有過深交，自感冷落，不過是自作多情罷了。於是又改變了想法，並採取主動姿態與之交往，反而加深了瞭解，促進了友誼。

**◎對於無意性冷落，應採取理解和寬恕的態度**

在交際場合上，有時人多，主人難免照應不周，特別是各類人員同席時，厚此薄彼的情況是最容易出現的。這時，沒被照顧到的人就會產生被冷落的感覺。

當你遇到這種情況時，千萬不要心生怨氣，更不應拂袖而去。相反，我們應該拿出「宰相肚裡能撐船」的氣量，調整好自己的情緒，迅速地融入這個場合中。你也可以換一個角度來想：誰沒有因為太忙或不注意細節而忽略過別人，冷落過別人？

司機小劉開車送老闆去赴宴，主人熱情地把老闆迎進門，卻把小劉遺漏了。剛開始小劉有些生氣，繼而一想，在這樣鬧哄哄的場合下，主人疏忽大意是難免的，並不是有意看低自己，冷落自己。這樣一想氣也就消了。他悄悄地把車開到街上吃了飯。

等主人終於想起司機時，他已經吃完飯且又把車停在門外了。主人感到過意不去，一再道歉。小劉也就找了個台階下，連連說自己不習慣大場合，且胃口不好，不能喝酒。這種度量和為別人著想的精神使主人很感動。事後，主人又專門請司機來家做客，從此兩人關係不但沒受影響，反而更密切了。

**◎對待蓄意性冷落，則要具體情況具體分析**

一、你跟對方沒有利益糾葛。

在這種情況下，你可以給予必要的回擊，這既是維護自尊的需要，也是刺激對方、批判錯誤的正當行為。當然，回擊不一定非得是面對面地對罵不可，含蓄、理智的回敬是最理想的方法。

一天，納斯列金穿著一身舊衣服去參加一個高檔宴會。他走進門時，沒有一個人理睬他，更沒人給他安排座位。於是他回到家裡，換上最好的衣服，又來到宴會上。主人馬上走過來迎接他，安排了一個好位子為他擺了最好的菜。

納斯列金把他的外套脫下來，放在餐桌上說：「外衣，吃吧。」

主人感到奇怪，問：「你幹什麼？」

他答道：「我在招待我的外衣吃東西。你們的這酒和菜，不是給衣服吃的嗎？」

主人的臉刷地紅了。納斯列金巧妙地把窘迫還給了冷落他的主人。

二、你有求於他。

在這種情況下，就要發揮你的「厚臉神功」了，死纏爛打，熱臉緊貼冷屁股，以「磨」對「拖」，跟對方拚耐心。

土光敏夫是日本有名的實業家和企業家。一九四六年，他被推舉為石心島芝浦透平公司的總經理。當時，日本經歷戰亂，百姓生活苦不堪言，企業的發展更是遭遇瓶頸，其中最大的困難就是籌措資金。在當時的情況下，即便是一些大企業也資金緊張，更何況芝浦透平這種成立不久的小公司，根本就沒有哪家銀行肯借錢給他們。

土光敏夫上任後，決定扭轉乾坤，背水一戰，向第一銀行貸款部經理長谷川求救。當然，他知道此舉絕非輕而易舉之事。

他讓秘書準備了一個旅行袋，裡面放了兩個飯盒，去見長谷川，一進門就擺出了不達目的誓不甘休的氣勢。他說：「今天借不到錢，我無論如何都不回家！」

長谷川則裝出愛莫能助的無奈之態，並且對他非常冷淡，土光敏夫說了大半天，還是一聲不吭，結果談了半天也沒有任何進展。

就這樣一直耗到中午，一臉疲倦的長谷川打算借機溜走，土光敏夫便慢條斯理地拿出了帶來的飯盒，關心地問：「你也餓了吧？那讓我們邊吃邊談吧，談到天黑也行。」硬是不讓長谷川走開。

在這種死皮賴臉的攻勢下，長谷川終於鬆口了，最後完全接受了土光敏夫的貸款要求。此後，土光敏夫為了得到政府給機械製造業的補助金，曾以同樣的方式向政府開展申訴活動。正是憑著這種「無賴」精神，幾年後，在日本國內，「說客」土光敏夫的大名流傳開來。

## 忍無可忍，就重新再忍

佛祖在旅途中遇到了一個不喜歡他的人。一連好幾天，那個人都在路上用各種方法謾罵佛祖。但佛祖從不跟他計較。最後，佛祖問那個人：「若有人送你一份禮物，但你拒絕接受，那麼這份禮物屬於誰？」

那個人答：「屬於原本送禮的那個人。」

佛祖微笑著說：「沒錯。我不接受你的謾罵，那你就是在罵你自己。」

那個人很慚愧地走了。

佛祖的意思是說，只要你對別人的詆毀採取不理不睬不接受的態度，那麼無論別人如何謾罵你、如何攻擊你，都影響不了你的快樂。也許這一句話更加經典：「生氣是拿別人的錯誤懲罰自己。」所以，任何時候都不要擾亂了自己的心，煩惱往往都是自找的。只要你不接受「煩惱」這份禮物，任何人都破壞不了你的好心情。

孔子說：「巧言亂德，小不忍則亂大謀。」

朱熹說：「小不忍，如婦人之仁、匹夫之勇皆是。」又說：「婦人之仁、不能忍於愛；匹夫之勇，不能忍於忿，皆能亂大謀。」他們一致認為小事情不忍耐，就會敗壞大事情。

喜怒哀樂，人之常情也。然而情感這東西需要調節，僅為一事之違而憤然大怒，便可能釀出大錯。《孫子兵法》云：「主不可以怒而興師，將不可以慍而致戰。」因此發揮理智的作用，避免感情用事，才能避免「衝冠一怒為紅顏」的魯莽舉動。

縱觀中外歷史，凡心志高遠、胸懷韜略的明君賢哲，都是能冷靜理智、抑怒束情的。

唐代的婁師德「唾面自乾」的故事，一直被傳為美談。

婁師德，唐朝高宗年間進士，擔任監察御史，後應詔從軍，參加對吐蕃的戰爭。武則天欣賞他的才能，委以重任，讓他管理朝政。這時，他已經六十三歲，待人接物都很寬宏大量，因此很得武則天的信任。

有一次，他的弟弟被提拔到代州去做刺史。臨行前，婁師德對弟弟說：「我本無才無德，僥倖位居宰相，而你如今又當刺史，這是讓人眼紅的，你必須設法保護自己。」

他的弟弟馬上跪在地上說：「如果有人向我臉上吐口水，我也不說什麼，自己擦乾就是。」

婁師德正色道：「我擔心的就是這一點。有人往你臉上吐口水，說明他恨你，你為什麼要把它擦乾？你大可不擦，讓它自己乾嘛。」

其實，婁師德之弟的修養已經是常人難以做到的，而婁師德本人的忍辱功夫則更讓人驚歎。在武則天統治時期，有周興、索元禮、來俊臣三大酷吏橫行，婁氏兄弟能以無比的寬容作為人生的準則，使之成為極少幾位善終的高官之一。

胡適先生有一篇很有名的「挨罵論」，堪稱民國版的「唾面自乾」，裡面這樣說道：「我受了十餘年的罵，從來不怨恨罵我的人。有時他們罵得不中肯，我反替他們著急。有時他們罵得太過火了，反損罵者自己的人格，我更替他們不安。如果罵我而使罵者有益，便是我間接於他有恩了，我自然很情願挨罵。如果有人說，吃胡適一塊肉可以延壽一年半年，我也一定情願自己割下來送給他，並且祝福他。」

唐朝天台山國清寺隱僧拾得與寒山子是佛教史上的兩位著名詩僧。拾得的身世不詳，據說他年幼時被人遺棄在赤城道側，恰巧被正經行的豐干禪師發現，帶回國清寺中，因此名為拾得。

寒山子，又名貧子，經常棲身在天台山始豐縣西的寒岩幽窟中，因此被稱為寒山子，蘇州的寒山寺就是以他的名字命名的。

此二人不僅行為怪誕，而且語言非常人可以理解，非一般凡夫俗子所能領會。《古尊宿語錄》中記載著他們這樣的問答：

寒山問拾得：「如果世間有人無端誹謗我、欺負我、侮辱我、恥笑我、輕視我、鄙賤我、厭惡我、欺騙我，我要怎麼做才好呢？」

拾得回答說：「你不妨忍著他、謙讓他、任由他、避開他、耐煩他、尊敬他、不要理會他，再過幾年，你且看他。」

在這段經典睿智的對話中，寒山問得好，拾得答得妙，所以至今仍讓後人讚歎不已。

忍，是一種成熟的表現，也是一種理智的選擇。周文王曾忍食子之痛，孫臏曾忍斷足之苦，韓信曾忍胯下之辱，勾踐曾忍破國之屈，因為能忍，他們最終都實現了自己的遠大理想。

我們經常聽到這樣的說法：「我的忍耐是有限度的。」實際上，這個限度，不僅是一個人忍耐的程度，也是他成就的程度。會「忍」的人，氣量越「忍」越大，事業越「忍」越宏博；不會「忍」的人，胸懷越「忍」越小，事業越「忍」越縮水。最後，找不著北，迷失方向。

世界上沒有忍不了的事，只有不願意忍的人。套用一句網路流行語：忍無可忍，就重新再忍。

## 自己少愛點面子，給別人多點面子

鮑千靈、祁六、向望海三人到得莊上，游老二游駒親自迎了出來。進得大廳，只見廳上已黑壓壓地坐滿了人。鮑千靈有識得的，有不相識的，一進廳中，四面八方都是人聲，多半說：「鮑老闆，發財啊！」、「老鮑，這幾天生意不壞啊。」鮑千靈連連拱手，和各路英雄招呼。

他可真還不敢大意，這些江湖英雄慷慨豪邁的固多，氣量狹窄的可也著實不少，一個不小心向誰少點了一下頭，沒笑上一笑答禮，說不定無意中便得罪了人，因此而惹上無窮後患，甚至釀成殺身之禍，也非奇事。

這是金庸小說《天龍八部》中的一節，在金大俠筆下，江湖中人視面子比性命更為重要，稍不如意便大打出手，即使血濺當場也不足為奇。

其實，無論是國內還是國外，每個人都在尋求被尊重的感覺。很多人判斷別人對他好與不好的底線之一，是別人尊重他與否。

既然人人都在尋求被尊重的感覺，那這「尊重」就被交易化了。你尊重我，我也就尊重你，否則，我也不會尊重你，處處算計你。

學會讓別人保住面子，是人際交往中的一條基本原則。可以說，你每給別人一次面子，就可能會增加一個朋友；你不給一次面子，就可能失去一個朋友，甚至增加一個敵人。

有一司機酷愛打牌，閒時便大聲召集牌友：「走，『無』樂去！」牌友也大聲附和：「『無』樂就『無』樂！」

一日，一新同事聽到了，嘲笑道：「錯了，是『娛』樂，不是『無』樂。」司機大怒：「誰不知道是『娛』樂，好像你特別聰明……」於是罵個不停，眾人大為掃興。

這位同事也真是迂腐，竟不顧別人的面子，掃了大家的興。

與人交往最重要的一件事就是要懂得如何顧到別人的面子。倘若你自以為自己的面子大，不把別人放在眼裡，碰上死要面子的人，可能不吃你這一套，甚至撕下臉皮和你對著幹，這樣往往會把關係搞糟。

古代有位大俠名叫郭解。有一次，洛陽有個人因與他人結怨而煩惱不堪，多次請求地方上有名望的人出來調解，對方就是不給面子。後來他輾轉找到郭解，請他來化解這段恩怨。

郭解接受了這個請求，親自上門拜訪委託人的對手，做了大量的說服工作，好不容易使這人同意了和解。照常理，郭解完成任務，可以走人了。

可郭解還有一著妙棋，他對這人說：「聽說許多有名望的人都來調解過這件事，但沒能成功。這次我很幸運，你很給我面子，了結了這件事。我要多謝你，但也為自己擔心，本地人出面尚不能解決的問題，由我這個外地人來完成和解，未免使之前那些有名望的人感到丟面子。所以，請你再幫我一次，等我明天離開此地，那些人還會上門，你要裝作讓他們以為我出面也解決不了問題。把面子給他們，算他們完成此美舉吧，拜託了！」

人們對面子有一種本能的保護反應，對於傷害自己面子的人有一種本能的敵意，對於維護自己面子的人有一種本能的好感。所以在社會交往和職場工作中，顧全他人的面子的確是相當重要的。

一九二二年，土耳其人和希臘人經過幾個世紀的敵對之後，土耳其人終於下決心把希臘人逐出土耳其領土。穆斯塔法．凱墨爾對他的士兵發表了一篇拿破侖式的演說，他說：「不停地進攻，你們的目的地是地中海。」於是，近代史上最慘烈的一場戰爭展開了。土耳其最終獲勝。

當希臘的迪利科皮斯和迪歐尼斯兩位將領前往凱墨爾總部投降時，土耳其士兵對他們大聲辱罵。但凱墨爾卻絲毫沒有顯現出勝利的驕氣，他握住他們的手，說：「請坐，兩位先生，你們一定走累了。」

然後，在討論了投降的有關細節之後，凱墨爾安慰這兩位失敗者。他以軍人對軍人的口氣說：「兩位先生，戰爭中有許多偶然情況。有時最優秀的軍人也會打敗仗。」

卡內基說：「凱墨爾即使在全面勝利的興奮中，為了長遠的利益，仍然記著這條重要的信條——讓別人保住面子。」

那麼，怎樣才能給人面子呢？

### ◎給他人台階下

某本雜誌上寫過這麼一句忠告：「不善於給別人台階下，既是害人又是害己。」聰明的人從來都不會做讓他人顏面盡失的事情，相反，當他人難堪的時候，如果我們能適時地給他人台階下，不僅能獲得對方的好感，而且也有助於樹立良好的社交形象。

### ◎不要吝嗇讚美

美國著名女企業家瑪麗．凱曾說過：「世界上有兩件東西比金錢和性更為人們所需——認可與讚美。」當我們真誠地讚美別人時，對方也會由衷地感到高興，並對我們產生一種好感。所以，要想緩和、增進雙方的關係，不妨使用真誠的讚美。

**◎給人「衣錦還鄉」的機會**

歐陽修有詩云：「仕宦而至將相，錦衣而歸故鄉。」一個人衣錦還鄉，就是要將自己的名譽、地位、成就等值得炫耀的東西，展示給自己的親戚、熟人和朋友，在他們面前表現自己的優越感，從而得到他們的肯定、羨慕和讚賞。正因為多數人都有「衣錦還鄉」的心理需要，所以給人提供「衣錦還鄉」的機會就是在給別人面子。

**◎給人在公開場合露面的機會**

在公共場合，每個人都想把自己最優秀的一面展現給大家，所以都十分注意自己的言行舉止和個人形象，也會比平時表現出更為強烈的自尊心和虛榮心。在這種情況下，當你把公開露面的機會讓給他時，往往就會讓他臉上有光，從而對你產生強烈的好感。

在社會上，我們的行為處世都要懂得以圓補方，任何事情都不要做得太絕，要給別人留面子，讓別人也有尊嚴可守，這才是一種善於生存的智慧，一種做人、做事的高明境界。

# *Chapter 6*

## 把話說到心坎裡：您老可「真夠意思」

準備一百頂高帽子

會哭的孩子有奶吃

逢迎有術，誇死人不償命

好話留在背後說

死纏爛打，厚臉求人要有耐心

見什麼人說什麼話，到什麼山唱什麼歌

投其所好，多談對方感興趣的事

千穿萬穿，馬屁不穿

寫八股文：如何與難接近的人套近乎

良言一句三春暖，惡語傷人六月寒

打人莫打臉，罵人莫揭短

失意人面前不提得意之事

會說的不如會聽的

## 準備一百頂高帽子

清朝乾隆年間，有個大才子叫袁枚，他少年聰慧，資質過人，二十多歲時已經名滿天下，年紀輕輕便踏入仕途，擔任七品縣令。

赴任之前，袁枚特意去拜別他的恩師——文華殿大學士兼翰林院掌院學士尹文端，順便聆聽老師的教誨。

尹文端見學生登門，心中自然十分高興，就問袁枚道：「當官不是那麼簡單的，你小小年紀就做上了知縣，有什麼準備啊？」

袁枚見老師詢問，就老老實實地回答：「學生也沒有準備什麼，只是準備好了一百頂高帽子，只要逢人就送上一頂，辦起事來就會容易很多了。」

尹文端聽了這話有些不太高興，說道：「為官要正直，虧你還讀了那麼多書，怎麼學會搞這一套了呢？還是要講究勤政務實呀！」

袁枚回答道：「老師，你有所不知，如今人人都喜歡『高帽子』，像您老人家這樣不喜歡戴高帽子的人實在是鳳毛麟角呀！」聽到袁枚這麼一說，尹文端馬上就轉怒為喜。

袁枚從老師的家裡出來後，就感慨地說：「我準備的一百頂高帽子，還沒到任，就已經送出去一頂了。」

人是最禁不住恭維的動物，這是由人性的弱點決定的。求人辦事時，如果你會說一些漂亮的恭維話，會送一頂頂高帽子，肯定會讓對方心花怒放，辦事也就順利多了。

恭維是一個中性詞。恭維人和被恭維人雙方之間是平等的關係，或者說恭維是一種平視的舉止。還有兩個詞叫作巴結和奉承，都是貶義詞，巴結、奉承的人多少有點仰視自己的巴結對象。所以，要區分恭維與巴結或奉承是很容易的。恭維是現代社交禮儀重要的一項。觀察周圍，我們很容易看到恭維的例子。

如果每天上班，你的同事這樣對你說：

你學過服裝設計吧，怎麼把衣服搭配得這麼好呢？

你好像很喜歡古典式的服裝，我覺得你很適合這種風格的衣服！

你的字寫得真不賴，很有書法的味道，沒有數十年的功底，是寫不了這麼好的！

聽了這些話，你是不是心情變得特別好，無論對方提出什麼要求你都不會拒絕？

從社會心理學角度來說，恭維是一種有效的交往技巧，能有效地縮短人與人之間的心理距離。美國心理學家威廉．詹姆士指出：「渴望被人賞識是人最基本的天性。」馬斯洛的需求層次理論也指出，人在溫飽之後，最希望得到的就是「自我實現」。人人都愛聽奉承話，這是不爭的事實。

有一位雜誌社編輯，他對說服那些作家很有一套。不論那些人如何忙，他都有辦法使其答應為他寫稿，誰都無法拒絕他的要求。

他常常這樣說：「當然我知道您很忙，就是因為您很忙，我才無論如何都要請您幫個忙。那些有閒置時間的作家寫出來的作品，總不如您的好。」

據他所說，這種說法從未失敗過。

善於恭維他人的人，最容易討得他人的喜歡。《人性的弱點》一書的作者戴爾．卡內基說：「如果你想使人喜歡你，或者想讓他人對你產生興趣，那你必須注意的一點就是談論他人感興趣的問題，學會投其所好。」恭維便是投其所好，只不過投的是人皆有之的虛榮心。

在《三國演義》中有這樣一個故事：

劉備攻佔西川，將勇將馬超納入麾下，封其為平西將軍、都亭侯，同時厚賞老部下和新降的文武官員，封五虎將。遠在荊州的關羽得到了黃金五百斤、白銀一千斤、錢五千萬、蜀錦一千匹的賞賜。

關羽聽後不服，認為馬超剛剛來投，也沒立多大的功勞，就得到了這麼高的官職，令人難以信服。於是他叫來兒子關平，說：「我要你去趟成都，一來是向你伯父致謝，二來你還要代為稟告一件事。我聽說馬超武藝非凡，故打算入川和他比武，看看到底是誰更勝一籌。」

關平來到成都，面見劉備，稟報此事。

劉備聽後大驚，說道：「荊州是我等立身之本，如果雲長擅自入川，誰來防守荊州？馬超武藝不在雲長之下，如果二虎相爭，無論哪個有點閃失，都非同小可。這如何是好？」

正在左右為難之際，軍師諸葛亮卻說：「主公不用煩惱，只要我修書一封，定會讓雲長回心轉意，安心鎮守荊州。」

諸葛亮寫好書信，讓關平快馬加鞭帶給關羽。關羽見到關平回來，連忙問：「你可曾向伯父提到我要入川和馬超比武之事？」

關平說：「我已經向劉伯父稟告了，現在有軍師書信在此。」

關羽打開一看，諸葛亮的信是這樣寫的：

亮聞將軍欲與孟起分別高下。以亮度之：孟起雖雄烈過人，亦乃黥布、彭越之徒耳；當與翼德並驅爭先，猶未及美髯公之絕倫超群也。今公受任守荊州，不為不重；倘一入川，若荊州有失，罪莫大焉。言雖狂簡，惟冀明照。

關羽看完，自撫其髯笑曰：「孔明知我心也。」從此再也不提找馬超比武的話題了。

諸葛亮巧妙地用一頂高帽子化解了一場生死搏鬥。很多時候，世間的事情就是如此有趣，無論是滿腹經綸的文人，還是技壓群雄的武士，你若從正面與他們比文論武，未必能勝得過他們一招半式，但只要你動一動嘴，輕巧地送他一頂好看又實用的「高帽子」，立刻就能以柔克剛，化險為夷。

俗話說：「對別人微笑，別人就會對你微笑。」既然好聽的話人人都愛聽，既然漂亮的帽子人人愛戴，那麼我們又有什麼理由不送給別人一頂高帽子呢？

## 會哭的孩子有奶吃

常言道：「老實人吃啞巴虧」、「會哭的孩子有奶吃」，這都是我們的祖先總結出的實實在在的「真經」。

人在嬰兒時期不會說話，只能用哭來表示，大多數時候哭表示餓了，母親只要聽到孩子哭了，就會餵奶，所以會哭的孩子有奶吃。放到生活中就是，人要會善於或者敢於表達自己的願望，別人才會給予。

但是現實生活中，很多人因為拉不下面子、放不下架子，最終讓自己陷入苦惱之中。要知道，與殘酷的現實硬碰硬是沒有任何好處的，必要的時候，能夠抹開面子去求人，才有絕處逢生的機會。求人沒有什麼大不了的，世道無常，沒準來個乾坤大挪移，過兩天人家來求你呢！

當然，急病不能亂投醫，求人辦事之前，一定要對對方的情況作客觀的瞭解，只有知己知彼才能百戰不殆。

三國時期，有個叫許允的人在魏國做官，提拔了很多同鄉人。魏明帝察覺之後，便派人去抓他。他的妻子在他即將被帶走時，趕出來告誡他說：「明主可以理奪，難以情求。」意思是讓他向皇帝申明道理，而不要寄希望於哀情求饒。因為皇帝以國為尊，以公為大，不徇私情，所以只有曉之以理，才有可能保全性命。

於是，見到魏明帝的時候，許允坦蕩地說：「陛下規定的用人原則是『唯才是用』。我的同鄉我最瞭解，請陛下考察他們是否合格，如果不稱職，再處罰我不遲。」

魏明帝派人考察許允提拔的同鄉，他們都很稱職，於是魏明帝將許允釋放了，還賞了他一套新衣服。

說話看似很簡單，上下嘴唇一碰，話就出來了，但要說好話是不容易的，所謂「成也嘴，敗也嘴」。說出去的話就如同潑出去的水，沒有挽回的餘地。所以，在求人辦事的過程中，使用語言時，要注意以下幾個方面：

### ◎禮貌第一

所謂「禮貌」是指應該盡量選用被請求者樂意接受的稱呼，像在問路、請求讓座時，這一點就顯得非常重要。問路時，稱對方為「老頭」、「小孩子」，那你肯定一無所獲；若改用「老人家」、「小朋友」等，效果就會好些。

中國古代有一個「以禮問路」的故事，說的是有位從開封到蘇州去做生意的人，在去蘇州的路上迷失了方向，在三岔路口前猶豫不定。忽然，他看見附近水塘旁邊有一位放牛的老人，就急忙跑過去問路：「喂，老頭！從這裡到蘇州走哪一條路對呀？還有多少路程？」

老人抬頭見問路的是一位三十多歲的人，因為他沒有禮貌，心裡頭很反感，就說：「走中間的那條路對，到蘇州大約還有六、七千丈遠的路程。」

那人聽了覺得很奇怪，「欸！老頭，你們這個地方走路怎麼論丈而不論里呀？」

老人說：「這地方一向都是講里（禮）的，自從這裡來了不講里（禮）的人以後，就不再講里（禮）了！」

### ◎以情動人

世間事逃不過一個「情」字，求人辦事時更是如此。只有真情才能感動人，只因再鐵石心腸的人也難免為真情所動。當然，表現「情」時不能冷冰冰的，也不能表現得過度熱情。求人辦事時，「情」的展現也只是一種客套而已。

### ◎先捧後求

所謂「捧」在這裡是指對所求之人恰到好處、實事求是地稱讚，並不包括那種漫無邊際、肉麻的吹捧。求人時說點對方樂意聽的話，尤其是順便就所求之事稱讚一下對方，也不失為一種求人的好辦法。

### ◎別說「你也可以」

開口求人的時候，千萬不要說出「你也可以」這樣暗含次等意味的詞，因為這會使聽者產生不悅之感。最好說一些「你是唯一的」之類的話，以此來激發他的榮譽感，比如「這件事只有你才能幫我了」、「我實在找不到比你更適合的人了」等等。

### ◎互利承諾

這是指在求人時不忘表示願意給對方以某種回報，或將牢記對方所提供的好處，即使不能馬上回報對方，也一定會在對方用得著自己的時候鼎力相助。配以互利的承諾，讓對方覺得他的付出值得，同時也會對求助者多一份好感。

### ◎商量口吻來求人

既然是求人幫忙，當然不能用命令的語氣。開口請求的時候，應以委婉商量的語氣說出自己的困擾。多用「請」、「麻煩」等詞語。商量的口吻，顯示的是對對方意願的尊重，比較容易讓人接受。就心理學角度而言，那些高高在上、頤指氣使的命令語氣，最易招致人們的反感。而以平等的姿態、商量口吻提出的請求，通常都能得到人們正面的回應。

掌握說話的技巧，領會求人的藝術，才能夠順利地實現自己求人辦事的目的。世界上沒有什麼事情是辦不到的，只要將以上的說話技巧仔細揣摩、用心領會、付諸實踐，求人辦事又有何難！

## 逢迎有術，誇死人不償命

俗話說：「恭維話人人愛聽。」幾乎所有的人，都喜歡聽讚美自己的話。可以說，對於讚美之辭，一般情況下，人們都會照單全收。即使讚美得有些過頭，對方也多會「來者不拒」。

讚美往往能夠拉近你與對方的距離，自然也就會使你的求人之旅變得平坦。讚美如同一劑溫柔的「毒藥」，可以讓上司、同事和下屬在不知不覺中「中毒」，心甘情願地為你搭建攀爬人生最高峰的「人牆」。

清潔工的工作在一個大公司來說是最容易被人忽視，也最被人看不起的。但就有這樣一個清潔工，在一天晚上，發現公司的保險箱被盜時，與小偷進行了殊死搏鬥，保住了財物。

事後，大家為他請功，並問他的動機，答案卻出人意料。他說，因為當公司的總經理從他身邊經過時，總會讚美他一句：「你掃的地真乾淨！」

看見沒有？就這麼簡單的一句話，卻能感動一個員工，並讓他「以身相許」。這也正合了中國的一句老話——「士為知己者死」。

讚美別人，反過來也是肯定自己。由衷地表達對別人的欣賞，就是對自己有信心的表現。

在別人的優點中，肯定了自己的眼光；在別人的成功中，肯定了自己的氣度；在別人的表現中，肯定了自己的觀察。

馬克・吐溫有一句名言：「我接受了別人愉快的稱讚之後，能夠光憑著這份喜悅生活兩個月。」

的確，稱讚、恭維之詞是令人暢快無比的。經常聽別人說：「一個男人，如果能把女人誇得心花怒放，那離獲得她的愛情就不遠了。」這意味著什麼呢？這說明女人不一定信命，但肯定信誇。

一位孀居多年的老婦人應邀去參加一個別有特色的情人舞會，舞會的組織者旨在使參與者們能夠回憶起他們的年輕時代。舞會上，這位婦人曾經的兩位情人也來了。第一位情人見到那婦人時脫口而出：「喲，妳和年輕時完全不一樣，真的變成一個老太婆了。」

第二位卻對她說：「親愛的，妳今晚太美了。人們都說歲月是美麗的殺手，可它絲毫未能摧毀妳的優雅。要是妳不介意的話，我多麼希望自己能成為妳今後的生活伴侶。」

接下來，舞會開始了。

老婦人在第二位情人的邀請下走上舞場，舞曲一支接一支地放，兩人一支接一支地跳，直到舞會終場，她禮貌地向兩位情人道別，便轉身走了。

三天以後，傳來了這位老婦人的死訊，兩位情人接連趕到，並分別得到一封信和一個包裹。在給第一個情人的信裡，老婦人說：「你是一個誠實的人，你說了真話，現在我把我一生的日記全部留給你，從中你可以看到一個女人真實的內心世界。」

在給第二個情人的信裡，老婦人說：「感謝你一席美麗的謊言，它讓我度過了一個美好的夜晚，並足以把我一生的夢幻帶到另一個世界。為此我將留給你我全部的財產，你可以用它繼續向其他女人編造讚美的謊言。」

讚美的力量如此神奇，主要是因為對方的自尊心得到了滿足。當今社會，會說漂亮話的人，辦事容易，到哪兒都受歡迎。每個人聽到別人讚美的話，心中都不免興奮，臉上堆滿笑容，但口裡卻說：「哪裡，我哪有那麼好，你真是太會講話了！」事後回想，明知對方講的可能是恭維話，還是沒法抹去心中的那份喜悅。

每個人都有買衣服的經歷，在你試衣時，肯定會受到賣主的恭維：「哇，真漂亮！穿起來非常合身，俐落、大方、有風度。你比以前年輕了好幾歲。」本來你不想買那件衣服的，最終卻買回來了。

可是第二天穿了不到兩個小時，衣服某條縫線斷了，裂開了一個洞。此時，你才明白，是商家的恭維使你上了當。

法國作家伏爾泰的好友豐特奈爾是一位有名的科學家和文學家，他九十七歲時還談笑自若。一日，他在社交場合遇到了一位年輕貌美的女子，他對那位女子說了很多恭維話，片刻之後，他再次經過那位女子面前時卻沒看她一眼。於是那女子對豐特奈爾說：「我該怎麼看待你的殷勤呢？你剛剛連一眼也沒看我。」

豐特奈爾不慌不忙地回答：「我若看妳一眼，只怕就走不過去了。」

可見，你對人說恭維話，如果恰如其分，適合其人，他一定十分高興，對你產生好感，求他辦事便容易多了。那麼怎樣去讚美別人呢？這個尺度該如何把握呢？

### ◎讚美不是阿諛奉承

讚美不是阿諛奉承，使用過多的華麗辭藻，只會使對方感到不舒服、不自在，甚至難受、厭惡，其結果是適得其反。假如你的一位同事歌唱得不錯，你對他說「你唱的歌真是全世界最動聽的」，這樣的讚美只是使雙方都難堪。但若換個說法：「你的歌唱得真不錯，挺有韻味」，你的同學一定很高興。所以讚美之言不能濫用，讚美一旦過頭變成吹捧，讚美者不但不會收穫交際成功的微笑，反而要吞下尷尬的苦果。古人說得好：過猶不及。

### ◎根據對方的特定心境

俗話說：入門休問非榮事，觀看容顏便特知。在讚美別人時，要學會察言觀色。一個為事業廢寢忘食的人，便可以說他是「以事業為重，有上進心」；一個為了債務焦頭爛額、心緒不寧、一夜未眠的人，你誇他「事業有成，春風得意」，對方會認為你是在講風涼話。

## ◎讚美別人得意的事情

每個人跟你談到他認為得意的事情時，都希望得到熱烈的回應，所以，當別人眉飛色舞地談起他的得意之事時，我們不妨給予適當的讚美。例如，當上級談到最近做成了一筆大生意的時候，你可以用「不得了，我還從來沒看到過這麼大的訂單呢」這樣的話來表達自己的敬佩之情。

## ◎從否定到肯定的評價

很多人在讚美別人的時候只是平鋪直敘，效果有限。如果嘗試採取從否定到肯定的讚美方法，也許效果會好得多。如一般的評價是「我像佩服別人一樣佩服你」，從否定到肯定的評價則是「我很少佩服別人，你是例外」。

## ◎讚美要有雪中送炭的效果

俗話說，患難見真情。最需要讚美的不是那些早已功成名就的人，而是那些身處逆境或鬱鬱不得志的人。這些人平時很難聽一聲讚美的話語，一旦被人當眾真誠地讚美，便有可能振作精神，大展宏圖。因此，最有實效的讚美不是「錦上添花」，而是「雪中送炭」。

此外，讚美並不一定總用一些固定的詞語，有時，投以讚許的目光、做一個誇獎的手勢、給一個友好的微笑也能收到意想不到的效果。

# 好話留在背後說

有句俗話，叫作「靜坐常思自己過，閒談莫論他人非」，意思就是平時多想想自己的過錯，少說別人的閒話，以防惹麻煩。因此，人們都將背後說人閒話當成一種忌諱。但是，背後說人家好話，卻會收到意想不到的效果。

《紅樓夢》中有這麼一段描寫：史湘雲、薛寶釵勸賈寶玉做官為宦，賈寶玉大為反感，對著史湘雲等人說：「林姑娘從來沒有說過這些混帳話！要是她說這些混帳話，我早和她生分了。」

湊巧這時黛玉正來到窗外，無意中聽見賈寶玉說自己的好話，「不覺又驚又喜，又悲又歎。所喜者，果然自己眼力不錯，素日認他是個知己，果然是個知己；所驚者，他在人前一片私心稱揚於我，其親熱厚密，竟不避嫌疑」。

在林黛玉看來，寶玉在湘雲、寶釵、自己三人中只讚美自己，而且不知道自己會聽到，這種好話就不但是難得，還是無意的。倘若寶玉當著黛玉的面說這番話，好猜疑、使小性子的林黛玉可能就認為寶玉是在打趣她或想討好她。

背後說別人的好話，比當面恭維別人說好話，效果要明顯好得多。不用擔心，我們在背後說他人的好話，是很容易就會傳到對方耳朵裡去的。

明朝有個縣令很喜歡聽別人恭維自己，每發布一個政令，都要聽到屬下交口讚譽，他才高興。有個差役想博得縣令的歡喜，故意悄悄地對人說：「凡是身居高位的人，大多喜歡別人的奉承，只有我們老爺不是這樣，一向對別人的稱讚不放在心裡。」

縣令從一旁聽到這話，非常高興，馬上喚來那個差役，對他稱讚不已，說道：「能讀懂我心的，只有你了！」從此對這個差役大加重用。

毫無疑問，差役這些話是專門說給縣令聽的，但他不直接向縣令說，反而以和同伴背後議論的方式，有意識地讓縣令聽到耳朵裡去，把縣令捧得極高，而達到拍馬屁、討好縣令的目的。

在背後讚揚別人，能極大地表現說話者的胸懷和誠實，有事半功倍之效。假如有一位陌生人對你說「某某經常對我說，你是位很了不起的人」，相信你感動的心情會倍增。因為這種讚美比起一個人當面對你說「先生，我是你的崇拜者」更讓人舒坦，更容易讓人相信，從而對對方產生信任感。

《新唐書．婁師德傳》載：狄仁傑當宰相之前，婁師德曾在武則天面前大力推薦他，但狄仁傑對此事一無所知，甚至認為婁師德不過是個普通武將，很瞧不起他，一再排擠他。

武則天察覺此事後，便問狄仁傑：「朕很重用你，任你為相，你知道是為什麼嗎？」

狄仁傑不以為然地說：「我是以自己的能力和學識來晉取官爵的，不像有的人是依靠阿諛奉承而當官的！」

武則天微微一笑，說：「可是朕原來也不瞭解你的德行和才識啊！你之所以官至宰相，是因為有人向我大力推薦你。」

狄仁傑覺得很好奇，說道：「我從來沒聽說過這件事，不知道是在下的哪位好友如此看中臣？我一定要好好謝謝他，以報知遇之恩！」

武則天說：「當初是婁師德多次向朕推薦你，說你學識淵博，才思敏捷，剛正不阿，是個不可多得的人才，朕這才下定決心委你重任的。」說完，武則天命令左右拿來放大臣們奏摺的箱子，從裡面找出了十幾本婁師德推薦狄仁傑的奏摺給狄仁傑看。

其中一篇奏章寫道：

> 臣聞堯登社稷，慶會明良；舜用皐陶，四方風動。殷周雖有高宗昌發之君，猶賴傅說呂望之阻。竊見太原狄仁傑，出自並州，英姿挺特，行包九德，才兼四科，觀變歷微，占天知地。闡弘道奧，同史蘇、京房之倫；德量謀猷，有伊呂、管晏之任。誠大唐之柱石、社稷之元龜，宜加拔擢，使登台司，上順三辰，下敘五品，以致休征之應。

狄仁傑讀了之後，十分慚愧，武則天也沒有指責他。狄仁傑出宮後感歎說：「婁公的品德真是有如巍峨高山！婁公推薦我，卻從來沒有半點驕矜的表現，一直以來又百般包容忍讓我。」

我不僅不領情，還總是自以為是，我比婁公差遠了。」於是狄仁傑來到婁府一躬到地，向婁師德當面賠禮道歉。婁師德備酒款待他，自此之後，二人相善如初。

好話留在背後說是贏得尊重和信任的良藥，也是獲得真誠友誼的法寶。

所以，我們在求人時不妨用這種方式，在正式向他開口之前，先讓他知道他在你心中原來有這麼高的評價，之後當你向他開口請求幫助時，他便會為你大開方便之門。

## 死纏爛打，厚臉求人要有耐心

彼時黛玉自在床上歇午，丫鬟們皆出去自便，滿屋內靜悄悄的。寶玉揭起繡線軟簾，進入裡間，只見黛玉睡在那裡，忙走上來推她道：「好妹妹，才吃了飯，又睡覺。」將黛玉喚醒。黛玉見是寶玉，因說道：「你且出去逛逛。我前兒鬧了一夜，今兒還沒有歇過來，渾身瘆疼。」

寶玉道：「瘆疼事小，睡出來的病大。我替妳解悶兒，混過睏去就好了。」

黛玉只闔著眼，說道：「我不睏，只略歇歇兒，你且別處去鬧會子再來。」

寶玉推她道：「我往哪去呢，見了別人就怪膩的。」

黛玉聽了，嗤的一聲笑道：「你既要在這裡，那邊去老老實實地坐著，咱們說話兒。」

寶玉道：「我也歪著。」

黛玉道：「你就歪著。」

寶玉道：「沒有枕頭，咱們在一個枕頭上。」

黛玉道：「胡說！外頭不是枕頭？拿一個來枕著。」

寶玉出至外間，看了一看，回來笑道：「那個我不要，也不知是哪個髒婆子的。」

黛玉聽了，睜開眼，起身笑道：「真真你就是我命中的『天魔星』！請枕這一個。」說著，將自己枕的推與寶玉，又起身再拿了一個來，自己枕了，二人對面倒下。

我們都知道，林黛玉是何等敏感而矜持之人，要想親近她談何容易！搶枕頭事兒小，關鍵是親密獨處的機會難得。寶玉一番死纏爛打，換來了與林妹妹親密相處的寶貴機會，可謂超值。

求人辦事的過程中，出現被拒絕的情況時，大多數人的第一反應便是不知所措，甚至惱羞成怒、摔門而去。但是，這一切都無濟於事。在這種情況下，應該讓理智佔據上風，採取忍耐的態度。既然有求於人，那你就得臉皮厚點，死纏爛打也好，反正得達到預想的目的。一被駁回就打退堂鼓的人是辦不成事的。

宋朝的趙普曾做過太祖、太宗兩朝的宰相，他個性率直堅忍，認定的事情，九頭牛都拉不回來。

有一次，趙普向宋太祖推薦一位官吏，但太祖不大喜歡這個人，所以對趙普的奏摺不予理睬。趙普沒有灰心，第二天上朝又向太祖提出這項人事任命申請，太祖還是沒有答應。趙普仍不死心，第三天又提出來。太祖這次動了氣，將奏摺當場撕碎扔在了地上。但趙普自有他的招數，他將那些撕碎的紙片一一拾起，回家後仔細黏好，第四天上朝，話也不說，將黏好的奏摺舉過頭頂立在太祖面前不動。

太祖為其所動，長嘆一聲，只好准奏。

常言道：人心都是肉長的，再硬的心也禁不住軟磨。求人的精髓在於一個「磨」字，只要你下定決心，一「磨」再「磨」，就沒有辦不成的事。

用「軟磨硬泡」的方法達到目的，看似有些死皮賴臉的味道。可是究其實質，它與潑皮耍賴、無理取鬧有著本質的不同。它立足於韌性與耐心，著眼於感化對方，所謂「精誠所至，金石為開」說的就是這個意思。

不過話說回來，「磨」也要講究策略。「磨」的時候既要死纏爛打，又要顯示出你的真誠；既要軟磨硬泡，又不使對方反感，這就要有點真功夫才行。

## ◎ 要有足夠的耐心

求助於別人，並不一定什麼事都暢行無阻，對方面露難色、態度冷淡，甚至拒絕都是可能的，你千萬不要因此就覺得自己丟了面子，受了侮辱，從而失去了耐心。

足夠的耐心是軟磨硬泡的前提和基礎。外國有一種說法叫「人釘人」，同樣的內容兩次、三次……反覆地向對方說明，從而達到求人的效果。動用這種求人法，必須要有超越常人的耐力才行，對一次的失敗絕不灰心，找機會反覆地「釘」上門去。

在一次宴會上，一位男士偶遇一位香港女作家。男士被女作家的風采深深打動，晚宴後就對她說了一句驚人之語：「我可以追求妳嗎？」

女作家當時只把它當成是一句玩笑話，誰料那位男士真的開始展開猛烈追擊。每天從早開始，他便帶許多朋友一起在她下榻的大飯店「站崗」。對於男士的這一舉動，女作家猶如遭遇了恐怖分子，不敢踏出飯店一步。而緊盯不放的男士便不斷以電話對女作家進行「騷擾」，並告訴她「如果再不露面，我便要通知妳所有朋友，告訴他們我要追妳」。

女作家被他逼得無路可走，急中生智說：「你請我喝咖啡，我們好好聊聊。」一到咖啡廳，她便一口氣點了五、六杯咖啡，打算讓追求者「破產」。結果他也跟著要了五、六杯咖啡，結帳時不但沒有囊中羞澀，反而給了服務生一筆數目不小的小費。女作家這次想讓對方知難而退的計謀以失敗告終。

最激烈的一幕發生在她準備離開台北的那天，那位男士鼓足勇氣，居然當眾激烈親吻她。霎時花容失色的女作家久久不能言語，隨後激動得幾乎落淚說：「你怎麼能夠這樣？」在她離開後，那男士更是一路窮追猛打。女作家赴北京，他便追到北京；女作家逃去東京，他也抵達東京。

至此，女作家說：「只要殘存在地球上一天，似乎都無法逃出他的手掌心。」她不得不宣告投降，隨後結婚。

**◎ 態度要誠懇，語氣應平和**

軟磨硬泡時，要注意用語的分寸，多用懇請語氣，千萬不可用「怎麼還不處理呀？」、「不是說今天就給我答覆嗎？為何講話不算數？」、「你們到底什麼時候解決？」、「這個月底前必須處理！」等責問句或命令句。如果改換另一種詢問口氣，可能效果會好得多。

**◎ 泰山壓頂**

在催問時間的間隔上，要越來越短，次數上要越來越頻繁，給對方造成「泰山壓頂」的緊迫感。頻頻催問很可能引起對方的煩躁，這不要緊，只要你是有理有節，就沒有關係，堅持下去，就會帶來轉機。

### ◎巧於語言攻心

有時候你去求人，對方推著不辦，並不是不想辦，而是有實際困難，或心有所疑。這時，你若僅僅靠行動去「磨」，很難奏效，甚至會把對方惹火了、纏煩了，更不利於辦事。如遇上這種情形，嘴上功夫就顯得十分重要了，要善解人意，抓住問題的癥結，巧用語言攻心。

## 見什麼人說什麼話，到什麼山唱什麼歌

政府工作會議上，新來的秘書小魏知道，這是結識各位上司的天賜良機，當然不可錯過。於是小魏早早來到會場入口處等候各位上司。

孫局長是坐專車來的，小魏上前打開車門，「風光、風光，多讓人羨慕啊！」

王局長則是坐計程車來的，小魏迎上去，「瀟灑、瀟灑，一招手就有車，不用麻煩司機，來去還自由。」

劉局長比較年輕，騎輛自行車就來了。小魏說：「廉政、廉政，都像您這樣，老百姓還有啥好抱怨的。」

李局長是走著過來的，小魏熱情地打招呼：「健康、健康，現在好多富貴病都是缺少運動！」

在一邊觀看多時的周局長見小魏巧舌如簧，便成心為難小魏：「我若是爬著來的，你怎麼說呢？」小魏立即豎起大拇指，「哎呀，這麼多局長裡面，就您最穩當！」

聽了你也許會啞然一笑，但是我們可以從中悟出逢不同的人說不同話的奧妙所在。

戰國時期著名的縱橫家鬼谷子曾經精闢地總結出與各種各樣的人交談的辦法：「與智者言依於博，與拙者言依於辨，與辨者言依於要，與貴者言依於勢，與富者言依於高，與貧者言依於利，與賤者言依於謙，與勇者言依於敢，與過者言依於銳，此其術也。」

有人認為，「見什麼人說什麼話，到什麼山唱什麼歌」是虛偽的表現。其實這是一種片面的理解，大千世界，每個人的心理特點、脾氣秉性、語言習慣各不相同，所以，不能用統一的說話方式來交流。因而，針對不同的人採取不同的說話方式，是很有必要的。

孔子曰：「可與言而不與之言，失人；不可與言而與之言，失言。」那麼，怎麼才能做到不失人也不失言呢？這就要看說話的對象是誰了。所說對象不同，方式就不一樣。

## ◎跟外行人談話

話總是說給別人聽的，至於說得好不好，是否有口才，不僅要看話語能否適當地表達自己的思想感情，也要看別人能不能理解。如果你說的話別人聽不懂，那麼這樣的談話還有什麼意義呢？

古時候有個讀書人，說話喜歡咬文嚼字。一天晚上，他睡覺被蠍子蜇了一下。於是他搖頭晃腦地喊：「賢妻，速燃銀燭，爾夫為蟲所襲！」他一連說了幾遍，妻子絲毫不為所動。

於是他提高嗓門喊道：「其身似琵琶，尾如鐵錐。賢妻呀，快快看看，痛煞我也！」見妻子仍沒有反應，可他實在忍不住疼痛了，一氣之下，衝著妻子吼道：「孩子他媽，快來看看，蠍子螫我了！」

這雖是一則笑話，卻提醒我們：說話要分清對象，表達到位，跟外行人交流，就不能用內行的語言。

## ◎跟陌生人談話

在生活中，人類的溝通範圍，不可能侷限於已熟悉的人和環境之中。事實上，我們每天都在接觸陌生的人和事。那麼，怎樣和陌生人溝通呢？且看王熙鳳的手段：

《紅樓夢》第三回，林黛玉進京，小心翼翼初登榮國府時，王熙鳳的幾段話就展現了她非凡的語言才能。先是人未到話先行：「我來遲了，不曾迎接遠客！」尚未出場，就給人以熱情似火的感覺。隨後拉過黛玉的手，上下細細打量了一回，送至賈母身邊坐下，笑著說：「天下竟有這樣標緻的人物，我今兒算見了！況且這通身的氣派，竟不像老祖宗的外孫女兒，竟是個嫡親的孫女兒，怨不得老祖宗天天口頭心頭一時不忘。只可憐我這妹妹這樣命苦，怎麼姑媽偏就去世了！」一席話，既讓老祖宗悲中含喜，心裡舒坦，又教林妹妹情動於衷，感激涕零。

而當賈母半嗔半怪說不該再讓她傷心時，王熙鳳話頭一轉，又說：「正是呢！我一見了妹妹，一心都在她身上了，又是喜歡，又是傷心，竟忘了老祖宗。該打，該打！」至此，她把初次見到林妹妹應有的又悲又喜又愛又憐的情緒，抒發表演得淋漓盡致。

與陌生人開口交談是人際交往中最重要的步驟之一。如果這一步處理得好，可以使人結識很多朋友。倘若處理得不好，就會引起尷尬，失去結識朋友的機會。

**◎跟上司談話**

在和你的上司談話時，態度一定要尊敬，還要落落大方，言辭懇切，娓娓動聽，既不顯得謙卑，又不露阿諛奉承之態，使上司聽了很舒服，甚至心曠神怡。

劉強老實、木訥，很少出聲，引不起大家的注意。所以，儘管他工作勤勤懇懇，可在公司裡總是默默無聞，幾年如一日地待在最初的位置上。

一次，老闆帶劉強一起出差。在火車上，劉強的鋪位剛好在老闆的旁邊，兩人寒暄了幾句後，就陷入了可怕的沉默。劉強感到，這種大眼瞪小眼的氣氛簡直讓人窒息，一定得說點什麼打破僵局，可是他從來不和上司打交道，實在不知道從何談起。

突然，劉強瞥見老闆腳上穿著一雙閃亮的皮鞋，非常顯眼，於是就說：「老闆，你這雙鞋子非常有品味，在哪裡買的？」

原本只是沒話找話，但老闆一聽，頓時眼睛放光，「這雙鞋啊，我在香港買的，世界名牌呢！」老闆的話匣子一下子打開了，開始滔滔不絕地講述自己在服裝搭配上的心得，還善意地指出劉強平時在工作中著裝的不足，兩人言談甚歡。

下車的時候，老闆意味深長地說：「劉強啊，看來以前對你的瞭解太少了，今後你好好幹。」

說話誰都會，但把話說得動聽，通過說話給別人留下良好印象，卻未必是每個人的專長。所謂「見什麼人，說什麼話」，並不是教你要兩面派，說假話、說虛話、說套話，而是告訴你，說話時不僅要考慮對方的身分，還要注意觀察對方的脾氣秉性。說話看清對象，才能達到說話的目的，無疑也會贏得一個好人緣。

## 投其所好，多談對方感興趣的事

一隻小兔子去釣魚。

第一天啥也沒釣到。

第二天還是一無所獲。

第三天兔子準備空手離開。忽然一條魚跳出來說：「你小子明天要是再用胡蘿蔔來釣魚，我就拍死你！」

這個笑話告訴我們，在釣魚之前，我們首先要考慮的是魚喜歡吃什麼樣的東西，然後再準備魚餌，這樣才能釣到魚。同理，社交中，智者是高明的釣手，他會針對所釣的「魚」喜歡什麼，然後投其所好，「魚」就比較容易上鉤；而愚者則根據自己喜歡吃的食物做魚餌，不考慮「魚」的喜惡，所以愚者很難釣到想要的「魚」。

每一個拜訪過羅斯福的人，都會對他淵博的學識感到驚奇。勃萊福特說：「不管是牧童還是騎士，是政客還是外交家，羅斯福都像先知一樣知道該跟他說些什麼。」這是怎麼回事呢？答案很簡單：在接見來訪的客人之前，羅斯福總統都要進行一番調查研究，詳細瞭解客人的愛好、習慣、生活圈子等，於是，他總能在談話中遊刃有餘。

在談話過程中，盡可能瞭解有關對方的情況，包括文化背景、生活習慣、性情秉性、愛惡嗜好等，這是很重要的，否則，就很難取得預期的效果。

耶魯大學教授費爾普早年就有過這種教訓。

「我八歲那年，有一個週末，我去拜望我的姑母，並在她家度假。」費爾普在他的一篇關於人性的文章中寫道，「有一天晚上，一個中年人來訪，他與姑母寒暄之後，便將注意力集中於我。當時，我正巧對船很感興趣，而這位客人談論的關於船的話題聽來特別有趣。他走後，我向姑母熱烈地稱讚他，說他是一個多麼好的人，對船是多麼感興趣！然而我的姑母告訴我，他是一位紐約的律師，其實他對有關船的知識毫無興趣。那他為什麼始終與我談論船的事情呢？

姑母告訴我，因為他是一位高尚的人，見我對船感興趣，所以就談論船舶，這是我喜歡並感到愉悅的事情，同時也使他自己受人歡迎。」

費爾普說：「我永遠記住了姑母的話。」

談對方感興趣的事，對方一定會很樂意聽的。古人說：「話不投機半句多。」只要抓住了對方的興趣點，投其所好，不僅不會「半句多」，反而千句也嫌少，越談越投機，越談越相好。

如果要使人喜歡你，使人對你產生興趣，就請記住：知道他感興趣的事情，然後說他愛聽的話。

伊斯曼是美國柯達公司的創始人，他曾投入鉅款在羅徹斯特建造了一座紀念館、一座音樂廳和一座戲院。為了承包這批建築物內的座椅，無數製造商展開了你死我活的競爭。但是，找伊斯曼談生意的商人無不乘興而來，敗興而歸。

優美座位公司的經理亞當森也是這批人當中的一個，不過他談判的方式有點與眾不同。

在見到伊斯曼本人之前，伊斯曼的秘書告訴亞當森：「我知道您急於想得到這批訂貨，但我現在可以告訴您，如果您佔用了伊斯曼先生五分鐘以上的時間，您就完了。他是一個很嚴厲的大忙人，所以您進去後要快快地講。」亞當森微笑著點點頭。

亞當森被引進伊斯曼的辦公室後，看見伊斯曼正埋頭於桌上的一堆文件，於是靜靜地站在那裡仔細地打量起這間辦公室。過了一會兒，伊斯曼抬起頭來，發現了亞當森，便問道：「早安，我能幫你什麼忙嗎？」

亞當森沒有一開口就提到生意，而是淡淡地說：「伊斯曼先生，我剛剛仔細觀察了您的這間辦公室。我本人長期從事室內的木工裝修，但從來沒見過裝修得這麼精緻的辦公室。」

伊斯曼在驚訝之餘，高興地回答：「哎呀！您不提我都忘啦，這間辦公室是我親自設計的，當初剛建好的時候，我喜歡極了，但是後來一忙，一連幾個星期我都沒有機會仔細欣賞一下這個房間。」

亞當森走到牆邊，用手敲了敲木板，肯定地說：「這是英國橡木，是不是？」

「是的！」伊斯曼激動得快要跳起來了，「那是從英國進口的橡木，是我的一位專門研究室內橡木的朋友專程去英國為我訂的貨。」

伊斯曼的心情好極了，他帶著亞當森參觀起他的辦公室，把辦公室內所有裝飾一件件向亞當森作介紹，從木質談到比例，又從比例扯到顏色，從手藝談到價格，然後又詳細介紹了他設計的經過。

亞當森微笑著聆聽，時不時點點頭。他看到伊斯曼談興正濃，便好奇地詢問起他的經歷。伊斯曼便向他講述了自己苦難的青少年時代，母子倆如何在貧困中掙扎的情景、自己發明柯達相機的經過，以及自己打算為社會所做的巨額捐贈……本來秘書警告過亞當森，談話不要超過五分鐘，結果，亞當森和伊斯曼談了一個小時又一個小時，一直談到中午。

最後伊斯曼對亞當森說：「上次我在日本買了幾張椅子，放在我家的走廊裡，由於日曬，都脫了漆。昨天我上街買了油漆，打算由我自己把它們重新油漆好。您有興趣看看我的油漆表演嗎？好了，到我家裡和我一起吃午飯，再看看我的手藝。」

午飯以後，伊斯曼便動手，把椅子一一漆好，亞當森表示讚歎。直到亞當森告別的時候，兩人都未談及生意。最後，亞當森不但得到了大批的訂單，而且和伊斯曼結下了終生的友誼。

可見，只要摸準了對方的喜好，便會一擊中的。當與人交談溝通時，你要知道他最關心的是什麼，最喜歡的又是什麼，勿忘投其所好。

投其所好，談論對方感興趣的事或物，在無形中給對方一個讚美和肯定，會使你獲得對方的好感，從而拉近彼此之間的距離。

## 千穿萬穿，馬屁不穿

對上級刻意地吹捧、奉承，並希望通過這樣來達到自己某些目的的人，我們常常稱其「馬屁精」，而他們的行為，我們稱之為「拍馬屁」。

拍馬屁須得有拍馬的和被拍的，一個巴掌拍不響，有被拍的喜拍，才有拍馬的愛拍，近似於古人所說的「世有伯樂，然後才有千里馬」，換一種說法，可表述為「世有愛被拍的人，然後才有拍馬屁的人」。

拍馬屁有四個基本特徵：

1. 拍的人一定對被拍的人有所求；
2. 拍的人一定比被拍的人地位要低；
3. 拍的人一定只對被拍的人卑微自賤，對他人恰恰相反；
4. 拍的人會多多少少得到些利益回報。

拍馬屁起源於明朝的魏忠賢。魏忠賢雖為宦官，騎術卻十分了得。明熹宗朱由儉喜歡賽馬，有一天，他聚集眾高手一試高下，只見魏忠賢不用馬鞭，輕拍馬屁股，塵土飛揚處，其馬四蹄躍空，飛馳起來，居然得了第一。

皇上大喜，詢問魏忠賢何以不用馬鞭能得此佳績。魏忠賢答曰：「無他，我熟馬性，拍拍馬屁耳。」從此，魏忠賢深得賞識，官運亨通。

「馬屁」是個好東西，聞起來臭，吃起來香。古往今來，不管是皇帝老子、權貴顯赫，還是普通百姓、凡夫走卒，沒有人能拒絕。

金庸小說《鹿鼎記》中韋小寶雖然不學無術，但天生聰慧，拍起馬屁來無師自通，小小年紀就掌握了「曲線救國」的道理。康熙要到清涼寺拜見順治，韋小寶故意大聲叫了幾句話，「卻是叫給老皇帝聽的，心想今日老小皇帝父子相會，多拍老皇帝馬屁，比之拍小皇帝馬屁更為靈驗有效」。

《紅樓夢》中記載王熙鳳常拍賈母的馬屁，她不說賈母德高望重，也不說賈母見識高遠，卻從她頭上的小坑這八竿子打不著的地方開拍，拍得賈母笑逐顏開。

南北朝時期，一個皇帝見一個大臣的耳朵生得特別大，不禁勃然大怒：「為什麼你的耳朵那麼大，朕的耳朵那麼小？」

大臣一聽，連忙伏倒在地，「啟稟皇上，微臣聽說，驢的耳朵特別大，龍的耳朵特別小。」皇帝連連點頭道：「愛卿言之有理。」

對於皇帝提出的這個問題，大臣是心知肚明的，無非是皇帝嫌自己耳朵小而心理不平衡。所以，大臣就故意降低姿態，大拍馬屁：你是天子，是龍的化身，自然耳朵就小了；我呢，蠢笨，毛驢變的，自然耳朵就大了。這一馬屁，拍得不露聲色，拍得恰到好處，拍得皇帝心花怒放，聽著舒服，收到了良好的效果。

晚清「中興四臣」之一的曾國藩先生，可謂清正廉潔，剛正不阿。毛澤東曾寫詩讚他：「予於近人，獨服曾文正。」

曾國藩統兵作戰期間，有一位客人前來拜訪，此人仙風道骨，言辭精闢。曾國藩以為碰到了臥龍、鳳雛這樣的高人，對其頗為賞識，禮賢下士。兩人談及當今人物時，這位客人說：「左宗棠執法如山，人不敢欺；公虛懷若谷，愛才如命，而又待人以誠，感人以德，當今非他人可比。」一句話點中了曾國藩的「快活穴」，令他心花怒放。於是便將此人留在軍中，當作上賓款待，此後交給他一筆鉅款，託他代購軍火。不料此人攜款離去之後，竟杳如黃鶴，再不復返。氣得英明一世的曾國藩跺腳咬牙曰：「唉，馬屁害人啊！」

三百六十行，如今又添了一行。哪一行？拍馬屁！據說在日本東京，兩名大學生畢業後成立了「奉承恭維公司」，專門提供「奉承恭維服務」。他們用盡一切美麗言辭稱讚顧客，讓對方心花怒放，然後收費，一分鐘費用一百日元，據說生意相當好。

拍馬屁一般是善意的，於社會於人並不造成什麼危害，因為可以滿足部分人的虛榮心，所以拍馬屁有存在的理由。但是拍馬屁是一種語言藝術，不是誰想拍就能成功，要掌握其中的技巧才行。

### ◎注意觀察

對女人讚美漂亮永遠是沒錯的，對男人讚美氣質一般都可以，但是這些只是普通的，因為人人都會說。想獲得對方的歡心，你得注意觀察，比如，對方是位女士，第二次和你見面的時候繫了一條漂亮的圍巾，那你要即時讚美。

### ◎微妙含蓄

拍馬屁者要心思縝密才能拍得恰到好處，拍起馬屁來切忌拍得太響太浮，要達到一種似拍未拍的境界，讓對方會心地一笑。

◎正話反說

人都有缺點。馬屁拍到一定境界就要掌握正話反說的技巧，這個技巧要的是準確、反應快、有幽默感，讓被拍者回味無窮，甚至認為你是最瞭解他的人。

◎適可而止

拍馬屁不要拍得走火入魔，以致胡言亂語。如果一個人將拍馬屁看成是工作中的必需，所拍的馬屁沒有任何目的和意義，又使自己陷入窘境的話，這就只能算是一種病態了。

## 寫八股文：如何與難接近的人套近乎

《孫子兵法》有云：「先知迂直之計者勝，此軍爭之法也。」迂者，彎曲也；直者，近直也。兩點之間直線為最短距離，這是數學常識，人人都知道。但是在人際溝通中，東方人卻往往喜歡捨近求遠，凡事都要來個「九彎十八拐」。

民國著名的文學家、幽默大師林語堂說過：求人辦事，就像寫八股文一樣。華人求人辦事，很少像西方人「此來為某事」那樣直截了當開題，因為這樣開題，便不風雅了。

華人向來講究在察言觀色上做文章，就像寫八股文一樣，有著起承轉合的優美，不僅有風格，而且有結構，大概可分為四段：

第一段是談寒暄、評氣候。諸如「尊姓」、「大名」、「久仰」、「夙違」，及「今日天氣……」、「哈哈」皆屬於此類。林語堂把這稱之為氣象學的內容，它主要起「來則安之，位安而後情定」的作用，即聯絡感情，化解尷尬。

其實不光華人如此，西方人也喜歡談天氣。電影《虎口脫險》裡有一個情節，英國皇家空軍中隊長跳傘後不小心掉進了動物園的水池裡，當他從水裡露出腦袋，正好看見一隻海豹，他跟海豹管理員打招呼時說了一句話：「今天早上挺冷的，對嗎？」

這句「今天早上挺冷的」相當於我們的「吃飯了嗎」，英國人認為，當你想和一個陌生人開始談話時，談論天氣是最為常見的打破僵局的方法。

第二段是敘往事、追舊誼。這一點就更深一層了，林語堂戲稱之為「史學」，「也許有你的令侄與某君同學，也許你住過南小街，而他住過無量大人胡同，由是感情便融洽了。假如，大家都是文人，認識志摩、適之，甚至辜鴻銘、林琴南……那便更加親摯而話長了」。如果能把這一點做好，雙方感情就會很融洽。

第三段是講時事、抒感慨。這一段是政治學，縱橫的範圍甚廣，包括國事、國策、時政等等各方面。如果能做好這一段，感情將昇華到一個新的境界，聲勢又壯，甚而至於相見恨晚，到了兩肋插刀的程度。於是，你便可以開口了，見機講你所求之事。

第四段是奉託「小事」。這是最實際的一步，叫經濟學。在經過前三段的鋪墊之後，可客氣地起立，拿起帽子，然後兀而轉來道：「現在有一小事麻煩，先生不是認識某某大學校長嗎？可否請寫一封介紹信？」這一段要自然隨意，不要給對方造成太大的壓力，也不要使對方覺得自己該欠他多大的人情，而是要充分利用前敘鋪墊，陡然收筆，總結全文。

林語堂描述的這段「求人八股」，其實就是一種「顧左右而言他」的迂迴戰術，這也是華人求人所特有的交際智慧。

一位哲學家說過：「懂得繞彎子的人，才有可能是達到光輝頂點的人。」

生活中，人人都會遇到一些很棘手的難題，比如說服對方。這個時候，從正面入手往往很難奏效，因為直接說服極易讓對方產生逆反心理。

該怎麼辦呢？不妨從側面打開缺口，採用迂迴戰術。事實證明，迂迴戰術是進行有效說服的一個上佳策略，是達到說服目的的簡便手段。

春秋時期，齊國的齊景公非常喜歡射鳥，他讓一個叫燭鄒的人看管那些捕捉來的鳥。有一次燭鄒不小心把這些鳥全部放跑了，惹得齊景公大怒，下令殺掉燭鄒。

晏子是齊國的國相，知道了這事就對齊景公說：「燭鄒有三條罪狀，請讓我當面向他一一指出罪狀，然後再殺他。」

齊景公說：「可以。」

於是，晏子就把燭鄒叫來，當著齊景公的面列數燭鄒的罪狀。

晏子一本正經地說：「燭鄒，你可知罪？你為君王管鳥卻讓牠們逃走，這是第一條罪狀；使君王為了鳥而殺人，這是第二條罪狀；這事傳出，讓天下人認為我國重小鳥而輕士人，敗壞我們君王的名譽，這是第三條罪狀。你真是罪該萬死！」

晏子列數燭鄒的罪狀之後，請求殺掉燭鄒。不過齊景公這時早已恍然大悟，連連叫道：「不要殺了，我聽從你的指教。」

還有一個故事。明代嘉慶年間，有一個給事官名叫李樂。此人剛正不阿，清正廉潔。有一次，他發現科考舞弊，立即寫奏章給皇帝，皇帝對此事卻不予理睬。他又面奏，結果把皇帝惹火了，以故意揭短罪，傳旨給李樂的嘴巴上貼了張封條，並規定誰也不准去揭。封了嘴巴，不能進食，就等於給他定了死罪。

這時，旁邊站出一個官員，走到李樂面前，不分青紅皂白，大聲責罵：「君前多言，罪有應得！」一邊大罵，一邊「啪啪」打了李樂兩記耳光，當即把封條打破了。由於他是幫助皇帝責罵李樂，皇帝當然不好怪罪。

其實此人是李樂的學生，在這關鍵時刻，他「曲」意逢迎，巧妙地救下了自己的老師。如果他不顧情勢，犯顏「直」諫，非但救不了老師，自己可能也難脫連累。

在有著含蓄文化傳統的我們，赤膊上陣往往不受歡迎，因為它是一種不禮貌和無教養的表現，三國時期「許褚裸衣戰馬超」就是個活生生的例子，迂迴戰術則是一個既體面又實惠的辦法。有句古話叫作「不能直中取，寧可曲中求」，說的就是這個道理。

## 良言一句三春暖，惡語傷人六月寒

刻薄，提起這個詞，很多人的腦海裡立馬就會出現這樣的一張臉：滿臉不屑的神情，兩眼斜視你，讓你渾身發毛。過分之人還會從鼻孔裡哼了一聲：「有什麼了不起的？」

刻薄的人如同發臭的蘋果，因為裡面爛了。浮躁、脆弱、狹隘、偏激，然後就形成了刻薄。以下就是幾個刻薄的典型：

代對伐說：「挎把大洋刀出來嚇唬誰呢？」

伐反唇相譏：「褲腰帶都丟了，還有臉出來混？」

6對9說：「整天拿大頂你累不累啊？」

9對6冷笑：「你整天大頭朝下累不累啊？」

5對2說：「你看你奴顏婢膝那個樣兒！」

2對5撇嘴反問：「你怎麼就不說說你自己那腐敗的大肚皮呢？」

諸如此類尖銳刺耳的對話，在我們身邊已經耳熟能詳。刻薄表面是攻擊，實際是自衛，似乎是放大你的「壞」，其實是適應不了你的「好」。因此，刻薄者挺可憐的，損人不利己，庸人自擾。

從前，一個樵夫救了一隻小熊，母熊對他感激不盡，於是安排豐盛的晚餐款待他。第二天早晨，樵夫對母熊說：「妳款待得很好，但我唯一不滿意的就是妳身上的那股臭味。」母熊雖怏怏不樂，還是說：「作為補償，你用斧頭砍我的頭吧。」樵夫照做了。很久之後，樵夫又遇到母熊，問牠頭上的傷好了沒有。母熊說：「那次頭上的傷痛了一陣子，傷口癒合後，我就忘了。不過，那次你說的話，我怎麼也忘不了。」

真正傷害人心的不是刀子，而是比刀子更厲害的東西——語言。因為它已經遠遠超過了對肉體的傷害，它刺傷的是心靈。語言是思想的衣裳，談吐是行動的翅膀。它可以表現一個人的高雅，也可以表現一個人的粗鄙。言談高雅即行動之穩健，說話刻薄即行動之草率。

曾有「君子不失色於人，不失口於人」的古訓，意思是說，有道德的人待人應該彬彬有禮，溫文爾雅，不能出言不遜。禮貌待人，使用禮貌語言，是我們中華民族的傳統美德。可是在現實生活中，很多人明知別人的短處，卻總是喜歡把話題往那上面引。要知道，這世間沒人願意提及自己不好的一面，尤其是從他人嘴裡當眾說出，就像是往傷口上撒鹽一樣，沒有人能夠忍受。

有句古語：「口能吐玫瑰，也能吐蒺藜。」有人因言而招禍，有人因言而成就，有人舌綻蓮花，有人口出汙言。贈人以善言，重如珠寶；傷人以惡言，甚於刀劍。

一代明君康熙皇帝，年輕的時候勵精圖治，平三藩、滅鰲拜，做了不少大事。但到了晚年，由於年紀大了，卻產生一個怪脾氣——忌諱人家說「老」。如果有誰說「老」，他輕則不高興，重則讓對方受罰。左右的臣子們知道他這個心理，都盡量迴避。

有一次，康熙率領一群嬪妃去湖中垂釣，不一會兒，漁竿微動，他連忙舉起釣竿，只見鉤上釣著一隻老鱉，心中好不歡喜。誰知剛剛拉出水面，只聽撲通一聲，鱉卻脫鉤掉到水裡跑掉了。

康熙長吁短嘆連叫可惜。在他身旁陪同的皇后見狀連忙安慰說：「看樣子這是隻老鱉，老得沒牙了，所以銜不住鉤子。」

話沒落地，旁邊另一個年輕的妃子卻忍不住大笑起來，而且一邊笑又忍不住一直看著康熙。康熙見了不由得龍顏大怒，他認為皇后是言者無心，而那妃子則是笑者有意，笑他沒有牙齒，老而無用了。於是他將那妃子打入冷宮，終生不得復出。

俗話說：「不打勤、不打懶，專打不長眼。」每個人都有自己忌諱的東西，在跟別人談話的時候一定要小心，千萬不能擅自越過雷池。「一言可以興邦，一言也可以亂國。」養成不良的語言習慣、愛亂說話，肯定會遭到他人的厭惡與反感，也會為以後的相處埋下隱患。

所以，無論什麼時候，我們都要善於控制自己，說話之前一定要三思，否則即使後悔莫及，也再沒有迴旋的餘地。到時候不僅對方會受到傷害，你自己也要吞下親手釀造的苦果。

一群同學聚會，來了一個同學的朋友，某人講起投資，他一開口就說：「你出局了，要再多進修。」眾人面面相覷。

某人講起澳洲紅酒好喝，他馬上說：「這是品味問題。我喝紅酒已經很多年了，澳洲紅酒根本不登大雅之堂。」不久，他又在另一個場合出現了。當時有一位年紀較長的知名女士在場，他一開口就說：「久聞妳年輕時是個美女。」女士當然很不高興。

女士離開後，又聽見他說：「她提供給媒體的照片，應該都是年輕時拍的吧。歲月真不饒人，她應該早日回家含飴弄孫了。」

他在說話之前或之後，都會加上一句：「我這人不說假話，說話一向很直接。」

說話不帶髒字，但人人都覺得被羞辱了。這種人在話鋒上似乎占了上風，卻會遭到別人私下的鄙夷，「此人不宜深交。」

我們身邊這樣的人不在少數，他們總以正義之士自居，看什麼都不順眼，什麼都要批評，完全不留情面。其實，說話不是說給自己聽的，而是說給別人聽的，既然如此，這種人為什麼就不能考慮一下別人聽了這些話會有什麼樣的感受呢？

春秋戰國時期，齊國的中大夫夷射，有一晚參加齊王的酒宴，喝多了酒，帶著醉意退出宴席，靠在庭院的門邊喘氣。

守門的士兵看到這種情形說：「大夫，您今天喝得真痛快，如果您能留一些酒給小人喝，那該有多好啊！」

夷射聽了生氣地罵道：「你只是一個看門的賤人，憑什麼來跟我要酒喝？」

守門人很沮喪地走開。

等到夷射離開之後，守門人趁著四下無人，故意倒一些水在門邊，好像有人小便似的。

第二天一早，齊王經過這裡，很生氣地責備：「到底是誰在這裡小便？」

守門人說：「我知道昨天晚上夷射大人曾經站在這裡，除此以外就沒有其他的人經過這裡了。」

齊王馬上下令放逐夷射。

所謂「良言一句三春暖，惡語傷人六月寒」。說話的方式有很多，越是溫文爾雅的人，越是能讓人得到內心的圓滿和安寧。所以，待人平和一些吧，說話也別再刻薄了。

## 打人莫打臉，罵人莫揭短

在中國，有所謂「逆鱗」的說法：巨龍脖子下都有一塊巴掌大小的白色鱗片，呈月牙狀，即俗稱「逆鱗」。這是龍身上最脆弱的地方，如果誰不小心觸摸到這一部位，必定會被激怒的龍所殺。事實上，無論多麼高尚偉大的人，身上都有「逆鱗」存在，這就是每個人的缺點和自卑感。一旦這個痛處被人擊中，輕則拍案而起、罵聲不絕，重則兵戎相見、血流成河。所以，有一句俗話說：打人莫打臉，罵人莫揭短。

朱元璋出身貧苦，後來做了皇帝。一天，他少時的一位朋友從鄉下趕到京城去找他，他對朱元璋說：「我主萬歲！當年微臣隨駕掃蕩廬州府，打破婺州城，湯元帥在逃，拿住豆將軍，紅孩兒當關，多虧菜將軍。」

他說的話很好聽，朱元璋心裡當然很高興。回想起來，也隱約記得他的話語裡像是包含了一些從前的事情，所以，立刻就封他為大官。

另外一個舊友得知了這個消息，他心想：「同是那時候一塊兒玩的人，他去了既然有官做，我去當然也不會倒楣的吧？」便也去了。

一見朱元璋的面，他就直白地說：「我主萬歲！還記得嗎？從前，我們兩個都替人家看牛，有一天，我們在蘆花蕩裡把偷來的豆子放在瓦罐裡煮著。還沒等煮熟，大家就搶著吃，罐子都被打破了，撒下一地的豆子，湯都潑在泥地裡。你只顧從地下扒抓豆子吃，不小心把紅草葉子也一起吃進嘴裡，葉子哽在喉嚨口，苦得你直跳腳。還是我出的主意，叫你用青菜葉子放在手上一併吞下去，這樣紅草的葉子才一起下肚了……」

這位老兄還在那裡喋喋不休時，寶座上的朱元璋已經坐不住了，心想，此人太不知趣，居然當著文武百官的面揭我的老底，讓我這個當皇帝的臉往哪兒擱？盛怒之下，朱元璋下令把這個窮哥們兒殺了。

孔子云：「為尊者諱恥，為賢者諱過，為親者諱疾。」一個人，無論他原來的出身多麼低賤，有過多麼不光彩的經歷，一旦當上了大官，爬上了高位，他身上便罩上光環，變得神聖起來。往昔那見不得人的一切，要麼一筆勾銷，永不許再提；要麼重新改造、重新解釋，賦予新的含義。

那位窮哥們兒哪懂得這一點，自以為與朱元璋有舊交，居然當眾揭了皇帝的老底，觸犯了「逆鱗」，豈不是自找倒楣嗎？

朱元璋本是乞丐出身，當過和尚，後來又參加推翻元朝統治的紅巾軍起義。做了皇帝後，這些經歷在朱元璋看來都是卑微可恥的。朱元璋因當過和尚，對「光」、「禿」一類的字眼十分忌諱；因紅巾軍被統治者說成是「賊」、「寇」之類的組織，朱元璋便對這些字眼極為反感。

有一件事就說明了這點。杭州徐一在《賀表》裡寫了「光天之下，天生聖人，為世作則」幾個字，朱元璋讀了勃然大怒，說：「生者僧也，罵我當過和尚；光是削髮，說我是禿子；則者近賊，罵我做過賊。」於是，立即下令把徐一處死。

無論是聖賢還是小人，通常都對自己的忌諱極為敏感。由於心理作怪，人們往往把別人的無意當有意，把無關的事主動與自己聯繫。正所謂「說者無意，聽者有心」，有時候，你閒聊時隨便說的一句話，也可能被他人當作挖苦和諷刺。

有個人請客，看看時間過了，還有一大半的客人沒來。主人心裡很焦急，便說：「怎麼搞的，該來的客人還不來？」

一些敏感的客人聽到了，心想：「該來的沒來，那我們就是不該來的？」於是悄悄地走了。

主人一看又走掉好幾位客人，越發著急了，便說：「怎麼這些不該走的客人反倒走了呢？」

剩下的客人一聽，又想：「走了的是不該走的，那我們這些沒走的倒是該走的了！」於是也都走了。

最後只剩下一個跟主人較親近的朋友，看了這種尷尬的場面，就勸他說：「你說話前應該考慮一下，否則說錯了，就收不回來了。」

主人大叫冤枉，急忙解釋說：「我並不是叫他們走啊！」

朋友聽了大為光火，說：「不是叫他們走，那就是叫我走了。」說完，頭也不回地離開了。

《菜根譚》中有句話：「不揭他人之短，不探他人之祕，不思他人之舊過，則可以此養德疏害。」

世間沒有十全十美的人，凡人皆有其長處，也有短處。被擊中痛處，對任何人來說，都不是一件愉快的事。無論是他人做的錯事，或是身上的缺陷，千萬不能用言語加以攻擊。人們常說瘸子面前不說短、胖子面前不提肥、東施面前不言醜，一旦你不小心觸碰到別人身上的「逆鱗」，他一定會進行反擊，而這對於你是沒有任何好處的。

## 失意人面前不提得意之事

劉墉在《股市名嘴換人做》一文中講了這樣一個故事：

王經理、小張、小王、小邱等人一起炒股。剛開始的時候，「鐵嘴」王經理每猜必中，所以其他人便把王經理奉若神明，王經理買什麼，大家跟著買什麼。時間一長，王經理漸漸變得飄飄然起來，說自己炒股獲利完全得益於「第六感」。

奇怪的是，自從說了「第六感」之後，王經理每炒必虧，連著兩個禮拜，他說哪檔股票漲，那檔就暴跌。這自然引起了眾人的質疑。質疑的結果是：以小張為首的眾人成立了炒股「自救會」，集眾人智慧炒股。而失落的王經理這邊，只有小邱一人對他的態度依然如故。當炒股「自救會」收盤高呼時，小邱與王經理黯然神傷；當炒股「自救會」舉行慶功宴時，小邱與王經理躲在角落吃便當。

同事也私下勸小邱，別再跟著王經理下單，他的第六感不準了。可是小邱不聽，依然故我。

王經理終於垮了，據說欠了兩千多萬，債主到公司來吵，他自己向總經理遞了辭呈。

小邱居然沒垮，還升了官，從他角落的位子搬進經理室。總經理的秘書私下透露，因為王經理向老總極力推薦小邱，說小邱對業務最瞭解，也最認真。

「這不是誰推薦，是我親眼所見。」總經理自己作了澄清，「我好幾次中午下來，看見只有王經理和小邱兩個人留在辦公室，吃便當，談事情。」總經理拍拍小邱，「這，假不了！」

小邱的成功正是因為他運用了人性的善，懂得怎樣安慰一個失意的人。

弘一法師曾寫過一副對子：「對失意人莫提得意事，處得意日莫忘失意時。」

的確，人人都會經歷人生的低谷，人人都會遇上不如意的時候。這時，在失意的朋友面前炫耀自己的得意之事，無異於把一根針狠狠地插在別人心上。這樣既傷害了朋友，對自己也沒有什麼好處。

所謂「木秀於林，風必摧之；堆出於岸，流必湍之；行高於人，眾必非之。」不管你的成就有多高，人有多麼優秀，都要學會審時度勢，絕對不能在眾人面前展露出你高傲的姿態，特別是在失意者面前，應盡量保持一顆平常心，對失意者多點同情和理解，只有如此，你的得意才能持久，你的朋友才會更多。

汪洋在雲峰經紀公司企劃部已經工作六年了，可謂公司元老級的人物，也做出了好幾次漂亮的策劃，深受公司重用。而新來的吳哲則不同，他原先在一家廣告公司做文案，剛跳槽過來做企劃不久，論經驗、談資歷、比悟性，都比汪洋遜色許多。

有一次，公司要辦個啤酒節的活動，宣傳、策劃的任務自然地就落到汪洋、吳哲二人的身上。部門上司為充分調動大家的積極性，做到集思廣益、博採眾長，便要求每位策劃專員都要拿出一份詳盡的企劃報告，並激勵大家，誰的方案最終入選，將會有紅包。結果，汪洋當仁不讓，拔得頭籌。

拿到紅包之後，汪洋自然沒忘了一幫哥兒們，他邀請大家去吃一頓大餐。

席間，吳哲看起來心情極差，所以大家都盡量避免談與工作有關的事。可是三杯酒下肚，汪洋就得意揚揚起來，開始滔滔不絕：「自從上司宣布這個任務的那一刻起，我就預感到，勝利非我莫屬！為什麼？我們來到這裡都六個年頭了，什麼方案最能獲得上司青睞，什麼方案驢頭不對馬嘴，我一瞧就八九不離十了。哈哈，比如老吳，他那方案，好是很好，但太不切實際了，出局在所難免……」

吳哲本來就苦悶至極，聽了汪洋這番話，怒火蹭地就上來了，他握著酒瓶站起身，對汪洋怒目而視，「閉上你的嘴！」

汪洋一個哆嗦，酒醒了許多。幸好旁邊的同事及時攔住，才避免了一起同事相殘的悲劇。

人在得意之時難免張揚，但在談論得意之事時，要注意場合和對象。你可以對你的家人談，讓他們以你為榮；也可以對你的下屬談，享受他們投來的欽羨目光，但就是不能對失意的人談，因為失意的人最脆弱，也最敏感。汪洋就是太過春風得意，完全忽略了他人的感受，用自己的得意刺激了他人的失意，造成了朋友之間的裂痕。

所以，當你處於順境時，與人交談一定要考慮到對方的心情，切忌在失意的人面前炫耀，以免無意中傷害了別人的自尊心。

那麼，在面對失意的朋友時，正確的做法是什麼呢？

**◎尊重對方**

時刻想著對方，不要做有傷別人面子的事情，不管對方是大人物還是小人物，這樣可以避免你的人際關係出現問題。

**◎給予對方真誠的關心**

朋友的關心和愛護能幫助處於困境中的人，能使他們有勇氣從頭再來。

我們可以適當地給予其物質和精神上的幫助，使他盡快走出人生的低潮期。

**◎小心駛得萬年船**

失意的人一般很敏感，稍有風吹草動便以為是針對自己，表現得多疑、善變，情緒不穩定。因此說話時要盡量避免說與其有關的話題，更不要說刺激他的事情，要盡量說一些安慰、鼓勵的話。

# 會說的不如會聽的

古希臘先哲蘇格拉底說：上天賜人以兩耳兩目，但只有一口，欲使其多聞多見而少言。寥寥數語，形象而深刻地說明了「聽」的重要性。

每個人都渴望獲得他人的認可，無論是國家元首、世界首富，還是流浪漢、乞丐。因此，要獲得別人的喜歡或敬重，你最好在自己想說什麼事情前，知道他們會說什麼。說話之前先傾聽，不僅能避免亂說話，同時還是一種能夠獲得他人認可的極具有效的方式。

林克雷特是美國知名的主持人，一天，他訪問一名小朋友，問他說：「你長大後想要當什麼呀？」小朋友天真地回答：「嗯，我要當飛機駕駛員！」

林克雷特接著問：「如果有一天，你的飛機飛到太平洋上空，所有引擎都熄火了，你會怎麼辦？」

小朋友想了想，「我會先告訴坐在飛機上的人綁好安全帶，然後我穿上降落傘跳出去。」此言一出，底下的人哄堂大笑。林克雷特忍住了笑，繼續注視著這孩子，想看他是不是自作聰明的傢伙，沒想到孩子的兩行淚水奪眶而出，這才使得林克雷特發覺這孩子其實有自己的想法。於是他問：「為什麼你要這麼做？」

小孩的答案透露了他真摯的想法：「我要去拿燃料，我還要回來！」

這就是「聽的藝術」。善於傾聽，對別人來說，是一種尊重，一種恭敬；對自己來說，是一份力量的攝取，一份智慧的轉移；對雙方來說，是一種理解，一種溝通。

說是表達的基礎，但過分的言說，卻是嘴巴張開的陷阱。有些人在求人時，自己滔滔不絕地嘮叨個沒完，一遍遍地訴苦，沒完沒了地恭維對方，以為這樣就能博取對方的好感，殊不知這樣是很無禮的。所以，求人辦事一定要把握「說三分，聽七分」的原則，要管住自己的嘴巴，豎起自己的耳朵。要想達到目的，首先要當個好聽眾。如果你不聽對方說些什麼，而只一味地談自己的事，並不停地對對方說「勞你大駕，請你幫忙」之類的話，只會讓人感到不耐煩。

那麼，如何才能做到有效地傾聽呢？以下提幾點建議：

**◎保持耳朵的暢通**

世界上的難事之一便是閉上嘴巴，假如你不閉上嘴巴，便無法張開耳朵，同樣也不會聽到別人在說什麼。所以千萬要記住，千萬不要太忙於說話，要學會「聽話」。在你與人的交談中，當你發現自己說話的時間超過了四成，那就必須當機立斷：閉嘴！

**◎配合表情和恰當的肢體語言**

當你與人交談時，對對方活動的關心與否直接反映在你的臉上，所以，你無異於是他的一面鏡子。

光用嘴說話還難以造成氣勢，所以必須配合恰當的表情，用嘴、手、眼、心等各個器官去說話。但要牢記切不可過度地賣弄，如過於豐富的面部表情、手舞足蹈、拍大腿、拍桌子等。

**◎協助對方把話說下去**

這一點很重要，因為別人說了一大堆以後，如果得不到你的回應，儘管你在認真地聽，對方也會認為你心不在焉。在對方話語的不緊要處，不妨用一些很短的評語以表示你在認真地傾聽，諸如「真的嗎？」、「太好了！」、「告訴我是怎麼回事？」、「後來呢？」這些話語，會使對方興趣倍增。

《射雕英雄傳》中有這樣一個細節：周伯通在給郭靖講故事時，見他不大起勁，說道：「你怎麼不問我後來怎樣？」

郭靖道：「對，後來怎樣？」

周伯通道：「你如不問後來怎樣，我講故事就不大有精神了。」

郭靖道：「是，是，大哥，後來怎樣？」

**◎不要插嘴**

在別人講話的時候，如果你自作聰明，用不相干的話把別人的話頭打斷，這是會引起對方的憤怒的。

◎用心聽要聽全面

加州大學精神病學家謝佩利醫生說，向你所關心的人表示你可能不贊成他們的行為，但欣賞他們的為人，這一點很重要。仔細聆聽能幫助你做到這一點，認真聽，並且要聽全面而不是支離破碎的話語，否則會妄加評說，影響溝通。

◎避免虛假的反應

在對方沒有表達完自己的意見和觀點之前，不要做出比如「好，我知道了」、「我明白了」、「我清楚了」等反應。這樣空洞的答覆只會阻斷你認真傾聽對方的講話或阻止了對方進一步的解釋。在對方看來，這種反應等於在說「行了，別再囉唆了」。如果你恰好在他要表達關鍵意思前打斷了他，對方可能會大聲反抗表示：「你知道什麼？」那就很不愉快了。

聆聽是表示關懷的行為，是一種無私的舉動，它可以讓我們離開孤獨，進入親密的人際關係，並建立友誼，為求人辦事提高成功率。

希臘船王歐納西斯是一個百萬富翁，他征服了改變世界歌劇歷史的天才女歌唱家瑪麗亞·卡拉絲，又娶了美國前總統甘迺迪的遺孀賈桂琳。這個有名的花花公子在接受記者採訪時，被問到他如何獲得女人的喜愛，他的回答很簡單：「當她們說話時，我在聽。」

# Chapter 7

## 禮多人不怪：<br>一點「小意思」

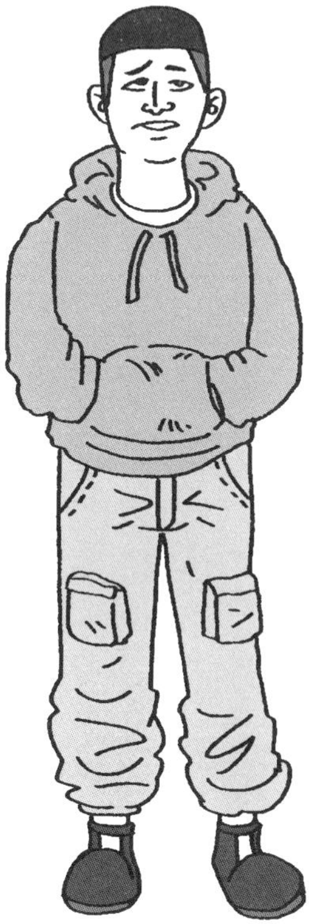

有禮走遍天下，無禮寸步難行

禮出有名，送之有術

八面玲瓏是這樣練成的

劍走偏鋒：走「邊緣人」路線

錦上添花不如雪中送炭

個性送禮，讓別人記住你的禮物

酒桌上求人，不行也行

## 有禮走遍天下，無禮寸步難行

中華文化具有五千年文明歷史，華人也以其彬彬有禮的風貌而著稱於世。儒家認為，君子必須掌握六種基本才能——禮、樂、射、御、書、數，其中，「禮」排在第一位，跟智力、體魄等因素同等重要。

「禮」不僅代表某種物質的東西，也是一種抽象的形式，前者我們謂之禮物，後者我們謂之禮儀。我們在探望病患時須帶上禮物，朋友交往時須使用禮物，與商人、政治家交往時也須使用禮物；我們講究禮儀，以別尊卑之秩，我們在與人交往時，與交往對象之間的關係或平等，或尊貴，或卑下，是通過禮儀表現出來的。

《論語》裡記載，有人問孔子，怎樣才能成為一名君子呢？孔子回答說：「興於詩，立於禮，成於樂。」

孔子自己就是這麼教孩子的。有一天，孔子站在院子裡，他的兒子孔鯉從庭前經過，孔子便叫住孔鯉問道：「你開始學詩了嗎？」孔鯉回答說沒有。孔子說：「不學詩，怎麼會說話呢？」於是孔鯉開始努力學詩。

又一天，孔子又在院中看見兒子從面前經過，於是叫住他問道：「你開始學禮了嗎？」孔鯉回答說沒有。孔子便教訓說：「不學禮，不知禮，怎麼能立身於世呢？」於是孔鯉開始努力學禮。

孔子本人是一個特別懂「禮」也特別講「禮」的人，「禮」已經滲透到他的一言一行之中，變成了他終生不變的信條，甚至可以說是他生命的一部分。無論遇到什麼人、什麼事，他都能很自然地做得恰到好處。

他是如何講「禮」的呢？比如，他乘車出門，遇到兩人以下，他會站在車上行禮；遇到三人以上，他就會下車行禮。「升車，必正立執綏。車中，不內顧，不疾言，不親指。」指的是上車時，一定會端正身子，抓著帶子，穩穩地上去。坐在車裡面，不東張西望，不大聲說話，不指指點點。

關於孔子講「禮」的內容還有很多，由此我們可以看出，他是將做人、辦事、享樂、養生等一切行為都融於「禮」中，不愧是一個真正的紳士。

禮儀不是繁文縟節，不是阿諛奉承。禮儀是人類文明的尺規，是一個人美好心靈的展現。所謂「禮之用，和為貴」，禮可以說無處不在，恰當地運用禮，會獲得他人乃至社會的認可，反之則會遭到他人乃至社會的排斥。

### ◎與人交談禮儀

我們要避免使用氣話、粗話、髒話，這些不但有失身分、讓人反感，而且不利於營造和諧的談話氣氛。

在常用的禮貌用語外，我們也可以用這些慣用語：
初次見面說「久仰」，向人請教說「賜教」；
好久不見說「久違」，請人讓道說「借過」；
客人到來說「光臨」，請人幫忙說「勞駕」；
等待客人說「恭候」，託人辦事說「拜託」；
探望別人說「拜訪」，送人作品說「指教」；
起身作別說「告辭」，誇人見解說「高見」；
中途退場說「失陪」，麻煩別人說「打擾」；
請人別送說「留步」，請人諒解說「包涵」。

**◎自我介紹禮儀**

可一邊伸手跟對方握手，一邊做自我介紹，也可主動打招呼說聲「你好」來引起對方的注意，眼睛要注視對方，得到回應再報出自己的姓名、身分、職稱及其他有關情況，語調要熱情友好，態度要謙恭有禮。

**◎與人握手禮儀**

握手是溝通思想、交流感情、增進友誼的一種方式。握手時應注意不用濕手或髒手，不戴手套和墨鏡，不交叉握手，不搖晃或推拉，不坐著與人握手。

握手的順序一般講究「尊者決定」，即待女士、長輩、已婚者、職位高者伸出手之後，男士、晚輩、未婚者、職位低者方可伸手呼應。平輩之間，應主動握手。若一個人要與許多人握手，順序是：先長輩後晚輩，先主人後客人，先上級後下級，先女士後男士。握手時要用右手，目視對方，表示尊重。男士與女士握手時，一般只輕握對方的手指部分，不宜握得太緊太久。右手握住後，左手又搭在其手上，表示更為親切，更加尊重對方。

### ◎接聽電話禮儀

電話鈴響後，要迅速拿起電話機問候「您好」，自報家門，然後詢問對方來電事由。要認真理解對方意圖，並對對方的談話做出積極回應。應備有電話記錄本，對重要的電話做好記錄。電話內容講完，應等對方放下話筒之後，自己再輕輕放下，以示尊敬。

### ◎接受名片禮儀

接受名片時應起身，面帶微笑注視對方。接到名片時應說「謝謝」並微笑閱讀名片，然後回敬一張本人的名片，如身上未帶名片，應向對方表示歉意。在對方離去之前或話題尚未結束，不必急於將對方的名片收起來。

### ◎乘車行路禮儀

工作人員在陪同上司及客人乘車外出時，要主動打開車門，讓上司和客人先上車，待上司和客人坐穩後再上車，關門時切忌用力過猛。一般車的右門為上、為先、為尊，所以應先開右門，陪同客人時，要坐客人的左邊。

### ◎進餐禮儀

尊重服務生的勞動，對服務生謙和有禮。當服務生忙不過來時，應耐心等待，不可敲擊桌碗或喊叫。對於服務生工作上的失誤，要善意提出，不可冷言冷語，加以諷刺。

## 禮出有名，送之有術

科長前往上司家拜年，呈上紅包時，上司問：你這是什麼意思？

科長：沒什麼意思，只是意思意思！

上司：都在一個單位，你這樣就不夠意思了。

科長：承蒙您關照，真的只是點小意思。

上司：哈哈，你這個人真有意思！

科長：其實真沒別的意思！

上司：那我就不好意思了。

科長：哪裡，是我不好意思啊！

這大概是個只有華人才能夠看懂的笑話，也只有華人才能明白短文中每一個「意思」的含義。

求人辦事送禮已經是一件很平常的事情。可是，求人辦事為什麼要送禮？這是因為，「利」和「禮」是聯繫在一起的。所謂「無商不利」「無利不起早」，在現今社會，凡是跟人交往就不能不懂得送禮之道。禮品是跟同事、上司及客戶維繫良好關係的潤滑劑，相對於其他公關手段，禮品具有明確的指向性和不錯的回報率，因此，「全民皆禮」已經形成一種文化。

在中國古代，禮不僅是一種美德，還是一種官場政術，更是一種秩序。

有這樣一個故事：明朝後期，一位官員調到某地擔任縣令。上任的第二天，他便貼出了一張告示。這告示跟工作無關，而是一份通知書。告示說：

明天是本老爺的生日，本老爺非常喜歡熱鬧，所以衙門上下的人一定要來，但前提是不許送禮物。

告示一貼出，衙門裡的書吏、雜役紛紛聚在一起猜測這告示背後的含義。一些初入官場的人簡直就要拍案稱快，認為這是一個難得的清官。只有一個在官場混了很久的書吏微微一笑道：「這禮肯定是要送的，如果不讓送為何還要出告示，告訴我們他的生日？」書吏、雜役這才醒悟過來，點頭稱是。於是大家湊錢鑄了一個金鼠送給了這位縣官。

果然，這位縣官大喜，說：「我夫人小我一歲，是屬牛的。」大家聽了心裡全都明白，看來過不了幾天就得再給縣官送一頭金牛了。

這個故事背後其實隱藏了官場的一項規則：絕大多數上司都喜歡收禮。

古人云：「衣人之衣者，懷人之憂。」意思是說：穿了別人的衣服，懷裡就會裝著別人的心事或隱憂。換句話說，收下了別人送來的禮物，就得為別人辦事。所以，想要在官場上如魚得水，就要學會送禮，因為禮尚往來的回報很可能就是自己想要的升官之職位。

送禮既然是一門藝術，自然也會有其約定俗成的規矩，送給誰、送什麼、怎麼送都是一種技巧，絕不能瞎送、胡送、濫送。根據古今中外一些成功的送禮經驗和失敗案例的教訓，我們應該注意下列原則：

### ◎理由很重要

送禮，總要在說法上有個來由，才好送出去。比如逢年過節、對方生日或子女升學等特別的日子，是送禮的最好時機，因為這時「師出有名」，名正言順，顯得水到渠成，順理成章。

如果你實在找不到什麼理由，可以拿家人當擋箭牌。比如，你可以這樣說：「我老婆說什麼也要讓我拿來不可。既然拿來了，就先放這兒吧，要不然，我老婆又會埋怨我不會辦事，回到家也不好交代。」

### ◎事前事中不送事後送

事前事中送禮屬於赤裸裸的金權交易，有時會讓對方反感甚至造成誤會；事後送禮則不同了，說不定上司還會感激你知恩圖報，下次有「好事」，上司還會招呼你。

### ◎態度友善，言辭勿失

送禮時，態度比禮品本身重要。平和友善、落落大方的動作並伴有禮節性的語言表達，才是受禮方樂於接受的。那種將禮品悄悄置於桌下或房間某個角落的做賊式的做法，不僅達不到饋贈的目的，甚至會恰得其反。在對所贈送的禮品進行介紹時，應該強調的是自己對受贈一方所懷有的好感與情義，而不是強調禮物的實際價值，否則，就落入了重禮而輕義的地步，甚至會使對方有一種接受賄賂的感覺。

### ◎送禮間隔適宜

送禮的時間間隔也很有講究，過於頻繁或間隔過長都不合適。送禮者可能手頭寬裕，或求好心切，便時常大包小包地送上門去，有人以為這樣的大方，一定可以博得別人的好感，細想起來，其實不然，因為這樣頻繁地送禮目的性太強。

## ◎不送對對方有害的禮品

由於種種原因，人們會忌諱某些物品。比如，高血壓患者不能吃含高脂肪、高膽固醇的食品，糖尿病患者不能吃含糖量高的食品。如果送錯誤的禮品，對方反而會認為你不尊重他。

## ◎瞭解風俗禁忌

送禮前還應該瞭解受禮人的身分、愛好、民族習慣等，免得送禮送出麻煩。

曾經有個倒楣蛋去醫院看望病人，帶一袋蘋果以表慰問，正巧那位病人是個上海人，上海方言裡「蘋果」跟「病故」二字發音相似，送蘋果豈不是咒人家病故？由於那個送禮人不瞭解情況，最後弄得不歡而散。

鑒於此，送禮時，一定要考慮周全些，以免節外生枝。例如，送禮不要送鐘，因為「鐘」與「終」諧音，會讓人覺得是不吉利的；送「雙」不送「單」，華人普遍都有「好事成雙」的說法，因此，凡是大喜大貴之事，所送的禮必須都是雙份。

## 八面玲瓏是這樣練成的

送禮作為社交活動中的重要手段之一，無論是在東方還是西方，都受到人們的稱道。正所謂「先禮後利，有禮才有利」才是得體恰當的送禮，恰似無聲的使者，透過這一方式把你所需表達的感情送到對方的心坎裡，從而達到求人辦事的目的。

很多人都把送禮當作一種精神負擔，事到臨頭，才急匆匆地跑到禮品店，隨便買上一件禮物，往對方手裡一塞，說上幾句祝賀的話，然後匆匆溜掉。至於受禮者後來把這件令人興味索然的禮物塞到哪裡，他們是毫不關心的。這樣一來，往往是金錢已花，事沒辦成，真可謂「賠了夫人又折兵」。

所以，求人送禮要講策略，不能盲目莽撞，以禮壓人，一定要巧妙掌握送禮的技巧，才能為整個送禮的過程畫上一個漂亮的句號。

送禮的學問非常多，下面列出一些常見的，也是比較有效的送禮技巧：

### ◎錦上添花

一位美術系的學生受老師恩惠頗多，一直想報答卻苦無機會。一天，他偶然發現老師紅木框裡的字畫竟是拓片，跟室內雅緻的陳設不太協調。正好，他的叔叔是當地小有名氣的書法家，這位學生馬上向叔叔要了一幅字畫，送給老師。老師非常喜愛，這樣送禮回報的目的也達到了。

◎暗度陳倉

如果你送的是酒一類的東西，不妨說是別人送你兩瓶酒，來和對方對飲共酌，這樣喝一瓶送一瓶，禮送了，關係也近了，還不露痕跡，豈不妙哉。

◎移花接木

小魏有事要託老王辦，想送點禮物疏通一下，可是又怕老王拒絕。正好小魏的妻子跟老王的太太很熟。小魏搞起了夫人外交，讓妻子帶著禮物去拜訪，一舉成功——事辦了，禮也收了，兩全其美。

◎借花獻佛

如果你送的是土產，你可說是老家託人帶來的，分給朋友嘗嘗鮮，東西不多，又沒花錢，不是特地給他買的，請他收下。一般來說受禮者的拒禮心態會大為緩和，最後多會收下你的禮物。

◎醉翁之意

假如你是給家庭困難者送些錢物，有時他自尊心很強，不肯輕易接受。

你若送的是物，不妨說：「這東西放在我家也是閒擺著，你先拿去用，日後買了再還。」受禮者會覺得你不是在施捨，日後會還，會樂意接受的。這樣你送禮的目的也達到了。

### ◎烘雲托月

有時你想送禮給人，而受禮者又跟你八竿子打不著，你不妨選受禮者的生日或婚日，邀上幾位熟人一同去送禮祝賀，那樣受禮者就不會拒絕了。當事後知道這個主意是你出的時，必將改變對你的看法。借助大家的力量達到送禮聯誼的目的，實為上策。

### ◎以晚輩人的身分

某局長在一個重要部門工作，很有實權，但他為人正直，從不接受饋贈，對送上門的禮物，不是拒絕，就是等價退還。因此，來他這兒送禮的人，大多被弄得很尷尬。

一位職員來到他家做客，說：「局長，您兒子跟我差不多大吧？他有您這樣一位健康的父親，可比我幸福多了。我前幾年不知道體貼家父，結果家父得了病。唉，正所謂『子欲養而親不待』。局長您都五十多歲了，千萬要注意身體。否則，您的兒子一定會很難過的！這些補品就算是晚輩對您的一點孝敬，請注意身體。」經他這麼一說，這位局長很受感動，最後不僅收了禮，而且對這個年輕的職員留下了很深的印象。

送禮的學問非常深，以上這些送禮的技巧只是冰山一角，在具體操作時還需要融會貫通，隨機應變。

## 劍走偏鋒：走「邊緣人」路線

潘祖蔭是清咸豐二年的進士，大書法家，並歷任工部、刑部、禮部尚書，最高時做到軍機大臣。一次，潘祖蔭邀請諸位同僚來家裡打麻將，邊打邊聊天。當聊到某地方的一個提督時，潘祖蔭對這人滿口稱讚，說此人忠肝義膽，德才兼備。

同僚李文田聽了不免有些好奇，就問潘祖蔭：「此人有什麼功績？」

潘祖蔭說：「這我不甚清楚。」

李文田又問：「此人的長相如何？」

潘祖蔭又說：「沒有見過。」

眾人皆奇，不知其功，不曾見面，卻說這人有德有績，這是為什麼呢？

潘祖蔭自己說明了原因：「家父誇他送的鼻煙很好，我就知道此人不錯。」

僅憑一個鼻煙，潘祖蔭就對沒有見過面的地方提督做了這麼高的評價，由此可見禮品在官場上起到的重要作用。求人辦事，這個禮能否送得出去，是一件很費心的事。無論對方婉言謝絕還是事後退回，都會使求人者尷尬不已。

那麼，怎樣才能馬到成功呢？教你一招——走對方家人路線。

求人辦事，所求之人一般是年富力強的角色，剛好是「上有老，下有小」的年紀，所以在必要的時候，走一下對方的妻子、老人、孩子路線，迂迴接近目標，拉近彼此的感情，不失為一個好方法。

有這樣一個例子，美國電影《E.T.》上映後，在社會上轟動一時。有位先生去拜訪他的朋友，就買了E.T.的模型送給對方兩個三歲和五歲的孩子，結果小孩子們非常高興，從那時起就稱這位先生為「E.T.伯伯」，而且每次去都受到他們一家人的歡迎。

有句話說：「射人先射馬，擒賊先擒王。」用來形容這種情形，或許不是十分適當，但事實就是如此，有時送對方本人喜歡的東西，還不如送其家人喜歡的東西，更能加深對方對你的好感。

幽默大師林語堂說：「華人社會一向就是女權社會，女人總是在暗地裡對男人施加影響，左右著男人的心理情緒和處世態度，無形中便決定了事態的發展。」所以，一些老謀深算者在找人辦事時，專門利用女性做些文章，結果事半功倍。

利用「枕邊風」達到求人的目的，這種做法古已有之。歷覽二十五史，此類故事比比皆是。

西漢初年，漢高祖劉邦親率大軍與匈奴交戰。劉邦求勝心切，輕敵冒進，帶少量騎兵追擊敵軍，不料卻中了匈奴埋伏，被迫困守白登山。後續部隊被匈奴軍隊分頭阻擋，無法前來解圍，形勢萬分危急。

眼見漢軍糧草日漸減少，將士傷亡卻不斷增加，劉邦急得像熱鍋上的螞蟻，坐立不安。

劉邦的智囊、開國功臣陳平此次也隨劉邦出征，連日以來，他無時不在苦苦思索突圍之計。一天，他正在山上觀察敵營動靜，突然發現山下敵軍中一男一女在共同指揮匈奴兵操練，經瞭解得知那是匈奴王冒頓單于和他的夫人閼氏。

他眉頭一皺，從閼氏身上想出一條退敵妙計。

陳平派一名使者，帶著金銀珠寶和一幅圖畫祕密地去見閼氏。使者用高價買通了閼氏帳下的侍者，得到進見閼氏的機會。

見到閼氏後，使者呈上禮物說：「這些珠寶都是大漢皇帝送給您的，大漢皇帝瞻仰夫人風範已久，這些禮物請您務必收下。」

閼氏被這份厚禮打動，全部收下了。

緊接著，使者又獻上一幅圖畫，打開一看，原來上面畫的是一位美豔異常的少女。使者說：「大漢皇帝怕匈奴王不答應講和，準備把中原第一美人獻給他。這就是她的畫像，請您先過目。」

閼氏接過畫像一看，畫上的美女就像天仙一般漂亮，她想，如果自己的丈夫得到如此美麗的中原女子，還有心思寵愛自己嗎？想到這裡，她搖著頭說：「這用不著，拿回去吧！我請單于退兵就是了。」

使者捲起圖畫，告辭了。

閼氏送走漢軍使者後，立即去見匈奴王，她說：「聽說漢軍的援軍距此不遠了，這裡的漢軍陣地又攻不下來，一旦他們的援軍趕來，咱們就被動了。不如接受漢朝皇帝講和的條件，乘機向他們多要些財物。」

匈奴王此時也是騎虎難下，於是同意了夫人的意見。後來，雙方經過談判，達成了停戰協議。

俗話說：「一把鑰匙開一把鎖。」再精密的鎖，也有能伸入它心臟的鑰匙。

如果當面求人辦事有些麻煩，那麼他身邊的人就是幫你度過難關的突破口。

## 錦上添花不如雪中送炭

陳壽《三國志》記載：「袁術欲以周瑜為將，瑜觀術終無所成，故求為居巢長，欲假塗東歸，術聽之。」說的便是廬江英傑周瑜，使用屈任居巢長的權宜之計，伺機歸吳，圖謀大業。

一日，周瑜奉命率數百人外出執行特殊任務，不料撞上曹操大部隊。眼看了無勝算，周瑜無論如何也不能眼睜睜地將自己的人馬送到曹軍刀下，只好調轉方向，而曹操部隊卻窮追不捨，大有趕盡殺絕之意。

周瑜率殘兵敗將退到臨淮東城，眼看糧斷草絕，即將走投無路。這時，有人獻計，說附近有個財主叫魯肅，他家向來富裕，而且此人樂善好施，不如去問他借糧。

周瑜帶上人馬登門拜訪魯肅，剛剛寒暄完，周瑜就直接說：「不瞞老兄，小弟此次冒昧造訪，是為借糧而來。」

魯肅一看周瑜豐神俊朗，神采非凡，知其日後必成大器。他根本不在乎周瑜現在只是個小小的居巢長，哈哈大笑說：「此乃區區小事，我答應就是。」

魯肅親自帶周瑜來到糧倉，這時魯家存有兩倉糧食，魯肅大手一揮，「也別提什麼借不借的，我把其中一倉送與你好了。」周瑜被魯肅的言行深深感動了，由此兩人結下深厚的友誼。

後來周瑜渡江奔吳，當上了都督，他牢記魯肅的恩德，將他推薦給孫權。從此，周瑜與魯肅忠心為吳，成就了千秋大業。

一個人在困厄消沉中時，若有人向他伸出援助之手，此人必定感激涕零。人對金錢的標準，往往也因狀況不同而有很大差異。因此會送禮的人懂得，「雪中送炭」遠比「錦上添花」更有意義。「錦上添花」只是喜上加喜，少你一個不少，多你一個不多，很難給對方留下深刻的印象；而「雪中送炭」卻是在對方患難之時伸出援手，必定會讓對方感恩戴德，來日你有求於他時，他必定鼎力相助。

某公司副總對員工十分嚴格，平日裡總是冷冰冰的，所以員工大多都不喜歡他。有一次，他病重住院，公司暫時將他停職。員工們表面表示同情，暗地裡卻高興得很，沒有一個人去醫院探望他。他的一名下屬覺得這樣對他太過殘忍，就買了點兒水果去看望他。副總大為感動，眼淚差點掉下來。病好之後，他大力栽培這個下屬。後來自己升職，他力排眾議，將其提拔為部門經理。

常言道：「滴水之恩，當湧泉相報。」其實，這「滴水之恩」也是要分場合的，如果當你的上司處境艱難時，你能夠「雪中送炭」，那麼將來他必然會回報於你。所以說，送禮要找對合適的場合，送得多不如送得巧。

著名的紅頂商人胡雪岩既善於經商，也善於經營自己的人脈。他曾經說過這樣一句話：「給當官的送錢事情雖然簡單，但裡面很有學問，門道很多，一定要會送。所謂善送者，『雪中送炭』也，必可『釣大魚』；不善送者，大冷天送摺扇，白當『冤大頭』也。」

胡雪岩接管阜康錢莊時，錢莊並沒有多少本錢，但他出手闊綽，人們都以為阜康的實力很雄厚。

有一天，浙江藩司麟桂捎來一封信，想找阜康錢莊暫借兩萬兩銀子。胡雪岩那個時候對麟桂也只是聽說而已，兩人並無交情，並且他聽別人說麟桂馬上就要調離浙江，因此這次借錢很可能是用於填補他在財政上的空缺。而此時的阜康錢莊剛剛開業，包括同業慶賀的「堆花」也不過四萬現銀。

這個要求讓胡雪岩很為難。借給他，人家一走，豈不是肉包子打狗——有去無回？即使人家不賴帳，像胡雪岩這樣的人，也不可能天天跑到官府去逼債。而且這時候的兩萬兩銀子，對阜康來說也是一筆不小的數目。

根據「人在人情在，人去人情壞」的原則，一般的錢莊老闆大都會打馬虎眼，用幾句場面話應付過去。或者就算肯出錢救麟桂之急，也是利上加利，活生生把那麟桂剝掉幾層皮。

但精明的胡雪岩卻是這樣想的：假如在人家困難的時候，幫著解了圍，人家自然不會忘記，到時利用手中的權勢，行個方便，何愁兩萬兩銀子拿不回來？況且，他聽別人說，麟桂這個人也不是那種欠債不還、耍死皮賴的人。

想明白後，胡雪岩決定「雪中送炭」。他不惜動用錢莊的「堆花」款項以超低利率，悉數把錢貸給麟桂。

胡雪岩這一寶，算是押對了。麟桂臨走前，送了阜康錢莊三樣禮物：

其一，找到名目，請朝廷戶部明令褒揚阜康，這等於是浙江省政府請中央財政部，發個正字標記給阜康，不但在浙江省內提高了阜康的名聲，將來京裡戶部和浙江省之間的公款往來，也委託阜康辦理匯兌。

其二，浙江省額外增收，援助江蘇省剿滅太平天國的「協餉」，也委由阜康辦理匯兌。

其三，將來江蘇省與浙江省公款往來，也歸阜康經手。

這一招「雪中送炭」，使得胡雪岩的阜康錢莊不僅不愁沒有生意做，還將生意做到了上海和江蘇去。「雪中送炭」的利益回報，一下子就顯現出來了。

## 個性送禮，讓別人記住你的禮物

人們常說：「千里送鵝毛，禮輕情意重。」可是有沒有人想過，是誰如此執著千里迢迢送根鵝毛？看看下面的這個故事，答案自然清楚了。

唐朝貞觀年間，西域回紇國是大唐的藩國。一次，回紇國為了表示對大唐的友好，特派使臣緬伯高帶了一批奇珍異寶去拜見唐太宗。在這批貢品中，最珍貴的要數一隻罕見的珍禽——白天鵝。一路上，緬伯高對白天鵝悉心照料，他親自餵水餵食，一刻也不敢懈怠，生怕途中出了差錯。

這天，緬伯高走到沔陽河旁，只見白天鵝伸長脖子，張著嘴巴，一副渴壞了的樣子。緬伯高心中不忍，便打開籠子，把白天鵝帶到水邊，讓牠在河邊喝水、洗澡。不料，天鵝飲水沐浴後，一搧翅膀，撲喇喇一聲飛上了天。緬伯高驚慌失措，猛地向前一撲，可只撿到幾根羽毛，僅能眼睜睜地看著白天鵝飛得無影無蹤。

一時間，緬伯高愣在當場，他手裡捧著幾根雪白的鵝毛，腦子裡反反覆覆地只想一個問題：「怎麼辦？進貢嗎？拿什麼去見大唐天子？回去嗎？有何顏面去見回紇國王！」

思前想後，緬伯高決定繼續東行，他拿出一塊潔白的綢緞，小心翼翼地把鵝毛包好，又在綢子上題了一首詩——

天鵝貢唐朝，山重路更遙。
沔陽河失寶，回紇情難拋。
上奉唐天子，請罪緬伯高。
物輕人意重，千里送鵝毛。

緬伯高帶著鵝毛，風餐露宿，不辭勞苦，終於到了長安。唐太宗接見了緬伯高，緬伯高獻上鵝毛。唐太宗看了那首詩，又聽了緬伯高的訴說，非但沒有怪罪他，反而非常高興地收下了禮物，並賞賜給緬伯高不少絲綢、茶葉、瓷器和一匹寶馬，還留他在京城住了一段時間。

緬伯高對唐太宗的盛情款待非常感動，回去後對大唐大加讚賞。後來，人們就用「千里送鵝毛」來表達「禮輕情意重」，當時天鵝飛走之地就被後人稱為「趕鵝」。

所以很多時候，對方在乎的並不是送去的禮物，而是一種得到尊重和重視的感覺。因此，可以說，禮不在多，能抓住對方的心就好。

吉娜．勞洛勃麗吉達是歐洲電影界最突出的人物之一，並且是受人尊敬的攝影師。她從影迷、新聞界以及其他場合收到過許多禮物，其中有一把用火柴造的小提琴，在她的禮物中佔有特殊地位。這把小提琴全部由使用過的火柴棍做成，大約共有一百根。火柴棍都被塗上了漆，做成與實際樂器一樣的大小，共有八根弦，還可以用來彈奏樂曲。

吉娜興奮地回憶道：「這把包裝好的小提琴寄到我在羅馬的住處，包裹還夾帶著送禮者的信。送禮者是一個囚犯，他在信中說他很崇拜我，為了表達對我的崇拜，他在漫長黑暗而又孤獨的監獄生活中，做了這把小提琴送給我，他還稱我是囚犯的女王。」

吉娜被這位囚犯的執著感動，馬上回信表示對他的感謝。此後，這把珍貴的小提琴一直作為她的個人珍藏存放在她羅馬的家中。

在選擇禮物的時候，許多人感到自己毫無想像力，手中有錢卻花不出去。事實上，私人化的禮物不可以用大眾化來敷衍，保持個性化和新穎化是很重要的。

忽視受禮人的個性需要，就是忽視自己的情感表達，在禮物品種上，大多人追求個性化，購買禮品越來越講究新穎別緻。如一套精美的水飄蠟燭杯，一個可折疊的可攜式座椅等，這些新穎的物品都成為表情達意的好禮。相反，那些刻意用作禮品出現的商品，如各種禮盒、金箔畫等，反而因千篇一律而越來越失去吸引力。自己製作的個性化禮物具有送受雙方的個人特點和紀念意義。祖父就比較喜歡收到孫子親手做的禮物，而不喜歡買的現成物品。個性化的禮物比精挑細選的禮品，更能表達你的心意和感情。

克魯伊夫是世界足球史上的名將，也是著名的足球教練，他三次被評為「歐洲足球先生」，五次被評為「荷蘭足球先生」。一九六六年，十九歲的克魯伊夫加盟阿賈克斯隊出征荷蘭聯賽，第一次贏得冠軍。從此，他宛如一顆璀璨的新星，照亮了荷蘭的天空，也點亮了無數少女球迷的芳心。姑娘們的求愛信源源不斷地寄來，但因為賽事安排緊張，他要在綠茵場上不停地奔跑，不得不將信件暫時擱在一旁。

有一天，克魯伊夫收到了一個郵包，打開一看，是個相當精緻的大開日記本。隨意一翻，這本日記本上每一頁都只有一個克魯伊夫的親筆簽名，他為此驚詫不已，這調動了他的好奇心，便一路翻下去，一直翻到最後，才發現了這位姑娘寫給他的一封表露心跡的情書——

我已經看過你踢的一百多場球，每一場都要求你簽名，而且都得到了。我是多麼地幸運啊！當然，對於擁有無數崇拜者的你來說，我是微不足道的一個。但我敢說，我是最有心計的一個，我多麼希望你對我有一點印象啊！我忍不住想說，我愛你。這封信花了我整整一個星期。我曾經在月下徘徊，曾經在玫瑰園流淚，也曾經在王子公園徬徨，希望能有幸遇到你。我畢竟才十九歲，少女的羞澀仍不時漾上臉來，心中只有恐懼和嚮往……現在，愛神驅使我寄出了這個本子。

這本日記所寄託的和信中所流露的真摯感情，深深打動了克魯伊夫，他留下了這個本子。一個星期後，在王妃公園的馬達卡婭塑像旁，約翰・克魯伊夫與這位名叫丹妮・考斯特爾的女孩相會了，二十一歲的「足球先生」和十九歲的美麗女孩訂下了金石之盟。

由此可見，送禮並不是單純地把東西送出去，而是要挖空心思，瞭解對方的興趣愛好，投其所好，巧妙安排，這樣才能打動對方的心，辦事也就十拿九穩了。

## 酒桌上求人，不行也行

中國人一直將吃飯和交際緊密地結合在一起。

對於請客吃飯的社交功能，錢鍾書就曾寫道：「吃飯有許多社交的功用，譬如聯絡感情、談生意經等等。社交的吃飯種類雖然複雜，性質極為簡單。把飯給有飯吃的人吃，那是請吃飯；自己有飯可吃而去吃人家的飯，那是賞面子。交際的微妙不外乎此。」

香港「大食客」蔡瀾先生也對此有所感悟，他在《吃的講義》裡說：「吃的文化，是交朋友最好的武器。」

可以說，飯桌是社會的縮影，飯桌上處處是玄機。中國歷代的興衰成敗似乎都與吃飯密切相關：春秋時代的齊相晏子，在會餐上「二桃殺三士」；藺相如澠池會上屈秦王，開趙國數十年之太平；鴻門宴上，項羽心慈放劉邦；曹操青梅煮酒論英雄……

的確，中國人無論辦什麼事，都離不開飯桌：談情說愛請客吃飯，結婚生子請客吃飯，加官晉爵請客吃飯，轉行跳槽請客吃飯，喬遷新居請客吃飯……凡涉及社交都能歸結到請客吃飯上。

王朔在《新狂人日記》中描述過一個叫「三哥」的人，大家每天都頂著「三哥」的名目吃飯：週一，三哥要去天津了；週二，三哥又不走了；週三，三哥真走了；週四，三哥回來了。王朔說：「剩下的就全週末——必須的。」這個三哥是典型的飯局達人，最驚人的一次是在某次聚會上，七個人互相介紹後發現，彼此全叫「三哥」，這機率真是小之又小，巧的是讓他們相遇了。

吃飯其實很累，但再累也得吃。在華人社會裡，想要混得開，似乎要有一樣必不可少的本事，就是先要把自己修煉成「酒囊飯袋」。業務員選拔，有的時候考官會問：「酒量怎麼樣？」

「半瓶高粱？你過關了。」

「什麼，不太能喝？你先回去等消息吧。」

在東方文化裡，酒桌飯局是很重要的政治舞台。

酒作為一種交際媒介，迎賓送客，聚朋會友，彼此溝通，傳遞友情，發揮了獨到的作用，所以，探索一下酒桌上的「奧妙」，有助於你交際的成功。

## ◎找個合適的宴請理由

宴請最令人頭疼的莫過於對方嚴詞拒絕或婉言推卻。那麼，怎樣才能防患於未然，一請即中呢？關鍵在於邀請的理由是否合理。因此，我們就需要找個合適的宴請理由：

「王總，上次聽說您到我們這兒出差，時間忙也來不及上我們公司看看，這次我無論如何得請您，補一補地主之誼……」

「陳經理，聽說這兒新開了家料理店不錯，我自己去吃公司當然不能報銷，您就犧牲一次，讓我沾回光吧……」

**◎通知應即時得當**

有句話這樣說：「提前一天預約是真請你，提前半天你是作陪，上菜了才請你是湊數的。」所以，不管是正式還是非正式的宴會，主人都應事先通知自己邀請的客人，給予對方充裕的準備時間。

**◎待客須周到熱情**

身為主人的最大考驗是，你必須能眼觀六路、耳聽八方，把每一位客人都招呼得周到而舒適，不論宴會人數有多少，你都應該盡力跟每一位客人交談，即使是很簡短的寒暄問候也好；盡量不要與人貼耳竊竊私語，給別人一種神祕感，往往會產生「就你倆好」的嫉妒心理，影響宴會的效果。

**◎語言得當，詼諧幽默**

酒桌上可以顯示出一個人的才華、常識、修養和交際風度，有時一句詼諧幽默的語言，會給客人留下很深的印象，使人無形中對你產生好感。所以，應該知道什麼時候該說什麼話，語言得當，詼諧幽默很關鍵。

◎ **勸酒適度，切莫強求**

要破除「但使主人能醉客，不知何處是他鄉」的舊觀念，應當以真誠相待為前提。不知客人的酒量和身體狀況，一味勸人多喝，就有失待客之道。

勸人喝酒應遵循「喝足不要喝吐，喝好不要喝倒」的原則，讓客人乘興而來，盡興而去。

◎ **敬酒有序，主次分明**

敬酒也是一門學問。一般情況下敬酒應以年齡大小、職位高低、賓主身分為序。敬酒前一定要充分考慮好敬酒的順序，主次分明。即便是與不熟悉的人在一起喝酒，也要先打聽一下身分或是留意別人如何稱呼，這一點心中要有數，避免出現尷尬或傷感情的局面。

敬酒時一定要把握好敬酒的順序。對其有求的某位客人在席間時，對他自然要倍加恭敬，但是要注意，如果在場有更高身分或年長的人，則不應只對能幫你忙的人畢恭畢敬，也要先給尊者、長者敬酒，不然會使大家都很難為情。

◎ **適當貶抑自己**

自我貶低、自我解嘲，是最高明的，往往是老練而自信的人才會採取這種方式。貶抑會收到欲揚先抑、欲擒先縱的效果，眾人將在哄笑聲中重新把你抬得很高。自我貶抑既可活躍氣氛，又能博得他人的好感。

# Chapter 8

# 借人之力，成己之事：這麼做才「有點意思」

好風憑藉力，送我上青雲

巧借大樹來乘涼

借別人的「雞」，下自己的「蛋」

人脈是設計出來的

再窮也要站到富人堆裡

放長線，釣大魚

拜冷廟，燒冷灶，交落難英雄

## 好風憑藉力，送我上青雲

天下最重要的「借」是什麼？不是借錢和借物，而是借力！所謂借力，就是「借用」自己以外的各種資源，幫助自己達成僅靠自己完成不了或很難完成的目標。

世界首富比爾．蓋茲說：「任何一個聰明的企業家都善於借助別人的力量，任何一個聰明的人也都善於借助別人的力量。不管是經商還是做人，都要學會有效借助別人的力量，那樣可以大大縮短你成功的時間。」

台灣巨富陳永泰說：「聰明人都是透過別人的力量，去達成自己的目標。」

「借力」在東西方都有著悠久的歷史。中國的荀子說：「登高而招，臂非加長也，而見者遠；順風而呼，聲非加疾也，而聞者彰；假輿馬者，非利足也，而致千里；假舟楫者，非能水也，而絕江河。君子生非異也，善假於物也。」

而牛頓也說：「我的成功只是因為我站在巨人的肩膀上。」可以說，善於借力，能借好力，就等於給自己找了個跳板，找到了成功的捷徑，讓自己跳得更高，走得更遠。

一位年輕的父親帶兒子去海邊野炊，他們一起撿了很多小蝦和小貝殼。父親坐在有兩塊大石頭的地方開始清洗那些小蝦和貝殼，清洗完畢後就可以搭灶生火了。

搭灶最起碼需要三塊大石頭，而跟前只有兩塊。「去，把那塊石頭搬過來！」父親指著不遠處的一塊石頭對兒子說。

兒子依言走過去。那塊石頭看上去不大，但有一大半陷在沙子裡，所以重量遠遠超過了視覺上的估計。兒子用盡全力，也只能讓它鬆動一點兒。

父親看見這種情況後，大聲問道：「為什麼不用盡全力？」

兒子委屈地說自己已經盡全力了，但是依舊搬不動它，邊說邊繼續努力嘗試著想搬移那塊石頭，並以此證明給父親看，他的懷疑是錯誤的。

「不，你沒有盡全力！如果你盡全力了，你應該想到向我求助，我相信憑我們兩個人的力量，足以將這塊石頭搬起來！」父親說完後就走了過去，和兒子一起把那塊石頭抬到了鍋旁邊。

放下石頭後，父親拍了拍手上的沙塵說：「你要記住，你的全力並不僅僅是指你自己一雙手臂上的所有力量，它還指你的腦力，甚至是求助於別人。」

「可是，別人的力量又怎麼能算是我的力量呢？」兒子不解地問。

「你說得很對，但是當你在面對一項你無法憑一己之力做到的事情時，求助便也是一種屬於你的力量！」父親說。

古人云：「下君之策盡自之力，中君之策盡人之力，上君之策盡人之智。」一個人的力量總是有限的，當自己的力量還不足以獲得成功時，要學會借用別人的力量來開創自己的事業。將對方的力量當成自己利益的跳板，這樣你才能坐收更多的財富。

有一個流傳很廣的故事，說的是如何讓一個農民的兒子成為世界銀行的副總裁和洛克菲勒女婿。

在美國一個農村，住著一個老頭，他有三個兒子。大兒子、二兒子都在城裡工作，小兒子和他住在一起，父子倆相依為命。

突然有天，一個人找到老頭，對他說：「您好，我想把您的小兒子帶到城裡去工作。」

老頭氣憤地說：「不行，絕對不行！你滾出去吧！」

這個人說：「如果我在城裡給你兒子找個對象，可以嗎？」

老頭搖搖頭，「不行，快滾出去吧！」

這個人又說：「如果我給你兒子找的對象是洛克菲勒的女兒呢？」

老頭又想了想，終於對讓兒子當上洛克菲勒女婿的這件事心動了。

過了幾天，這個人找到了石油大王洛克菲勒，對他說：「親愛的洛克菲勒先生，我想給你的女兒找個對象。」

洛克菲勒說：「快滾出去吧！」

這個人又說：「如果我給你女兒找的對象是世界銀行的副總裁呢？」

洛克菲勒想了想，同意了。

又過了幾天，這個人找到了世界銀行的總裁，對他說：「親愛的總裁先生，你應該任命一個副總裁。」

總裁先生搖著頭說：「不可能，這麼多副總裁，我為什麼還要任命一個呢，而且還是馬上？」

這個人說：「如果你任命的這個副總裁是洛克菲勒的女婿，可以嗎？」總裁先生當然同意了。

憑自己的能力賺錢固然是真本事，但是，能借權貴人物的力量賺錢，卻是一門更高超的藝術。在自己的力量還沒有足夠強大的時候，借助他人的力量，是走向成功的捷徑。對於一個人來說，要獲得進一步發展，更免不了借助他人的力量。

「好風憑藉力，送我上青雲。」不懂得或不善於利用他人力量，光靠單槍匹馬闖天下，在現代社會裡是很難有大作為的。而那些善於利用關係的人辦起事來則如魚得水，非常順利。所以一定要善於利用自己周圍的關係，順勢行事，把這些關係發揮到最大的限度，為自己辦事成功助一臂之力。

## 巧借大樹來乘涼

《沙家浜》中的阿慶嫂對胡司令說：「開茶館，盼興旺，江湖義氣第一樁。司令常來又常往，我有心，背靠大樹好乘涼。」可見在樹下「乘涼」是樁多麼愜意的事。

成功並不容易，個人的力量畢竟渺小，所以結交一些貴人，背靠幾棵大樹，有貴人幫襯，在大樹底下乘涼，事情也就簡單多了。的確，如果在你的背後，有個顯赫的人物為你撐著，那麼，你的人生旅途自然就會暢通無阻。

然而，並不是所有的人都那麼幸運，能傍到枝繁葉茂的「大樹」。一個人要得到別人的扶助，必須具備被別人認可的能力。如果你不具備這種能力，那麼即使你「十顧茅廬」也不見得會得到他的幫助。這時候，你不妨發散思維，用一些特別的手段，讓他在不知不覺中幫助你。

黃蘭階是左宗棠一位至交好友的兒子，他在福建候補知縣多年也沒有等到實缺。他見別人都有大官寫推薦信，想到父親生前與左宗棠很要好，就跑到北京來找左宗棠。

左宗棠初見故人之子，十分高興，但當黃蘭階提出想讓他寫推薦信給福建總督時，他表情頓時晴轉陰，幾句話就將黃蘭階打發走了。

黃蘭階碰了一鼻子灰，又羞又氣，他離開左相府後，就閒蹓到琉璃廠看書畫散心。忽然，他瞥見一家書畫小店的老闆學寫左宗棠字體，十分相似，心中一動，想出一條妙計。他讓店主寫柄扇子，落了款，得意揚揚地搖回福州。

這一天，黃蘭階來到總督府，手搖紙扇。總督見了很奇怪，問：「外面很熱嗎？都立秋了，老兄還拿扇子搖個不停。」

黃蘭階把扇子一合，故作神祕地說：「不瞞大人說，外邊天氣並不太熱，只是我這柄扇是我此次進京，左宗棠大人親手送的，所以捨不得放手。」

總督大吃一驚，冷汗下來了。他心想：我本以為這姓黃的沒有後台，所以才讓他坐了這麼多年的冷板凳，沒想到他卻有這麼個大後台。左宗棠天天跟皇上見面，他若恨我，只消在皇上耳邊說個一句半句，我可就吃不住了。

總督要過黃蘭階的扇子仔細察看，確為左宗棠筆跡，一點不差。他將扇子還與黃蘭階，悶悶不樂地回到後堂，找到師爺商議此事，第二天就給黃蘭階掛牌任了知縣。不到幾年，黃蘭階就升到四品道台。

後來，福建總督進京拜見左宗棠，無意中聊起此事說：「大人的故友之子黃蘭階，少年英雄，如今在敝省當了道台。」

左宗棠愣了半晌，隨即笑道：「是嗎？那次他來找我，我就對他說，『只要有本事，自有識貨人。』。老兄就是那個『識貨人』嘛！」

黃蘭階能夠官拜道台，是借左宗棠這棵大樹的名氣，讓總督給他升了官，實在是棋高一著。這種行徑在古代官場上是該受到譴責的，但在今天看來，這種借力打力的妙招卻很值得研究。

一個猶太書商出了本書，銷量極差。他急中生智，送了一本給美國總統看。總統順口說了句：「這本書很好。」

書商就對外宣傳：「這是一本讓總統說好的書！」

結果該書被搶購一空。

第二次，猶太書商又出了本書，再次給總統送了一本。總統心想，上次讓你賺了錢，這次我就說不好，看你怎麼辦？於是就說：「不好！」

結果書商就宣傳：「這是一本讓總統說不好的書！」

結果還是被搶購一空。

第三次，書商又送一本書給總統。總統這次學精了，不作任何表態。

這也難不倒猶太人，這次書商這樣宣傳：「這是一本讓總統都不置可否，無法下結論的書！」

結果，這本書賣得更好。猶太人就是這樣善於借別人之力為己用，凡是可以借用的資源，名人、榮譽、市場、資本、技術，都會想辦法去借，而且往往還能夠借得來。就像槓桿一樣，猶太人就是習慣找準施力點，使用微小的力，撬動比自己大幾倍甚至幾十倍的東西，這就是聰明的猶太人的思維。

其實，一個人想要更快地獲得成功，其背後就需要有個貴人相助。它就像在下雨天因為你的頭上有一把傘，就不必擔心自己挨淋了。人生也是如此，在這個世界上，全憑一個人摸爬滾打，是非常艱辛的，但如果有個靠山，那就不一樣了。

一個平頭百姓哪怕只是和一位名人握握手、合張影，也能使自己的身價驟增，這就是「背靠大樹」的神奇力量。想想看，如果你辦公桌上有一張你和李嘉誠的合影，會是什麼情形？

## 借別人的「雞」，下自己的「蛋」

有一個古老的民間傳說，講的是宋朝一個窮酸秀才，除了能夠搖頭晃腦吟詩作詞之外，別無所長，真可謂是「百無一用」。他肩不能挑，手不能提，更不懂得種田的技巧，連地主都不肯把地租給他。於是，他想到自己可以靠養雞下蛋過日子，但是，他連買雞的錢都沒有。

於是，他決定與人家商量借雞來養，即別人出雞，他管飼養，每下兩個蛋，一人一個。用現代的話來說就是，你出資金，我出力氣，利益平分。一年後，他有了一百隻雞，第二年，繁衍到三百多隻，不出幾年，他就成為了當地的富戶。

這就是「借雞下蛋」的來歷。

其實，這個世界上沒有什麼是不能借的。使敵人互相爭鬥，謂之借手；使敵人互相埋怨，謂之藉口；使敵人互相猜疑，謂之借心；使敵人殺我想殺之人，謂之借力。這就是借的奧妙。

三國時期的經典故事「草船借箭」，相信大家都聽過。它之所以成為經典，是因為諸葛亮把一個「借」字運用得出神入化。俗話說得好：「借力發力不費力。」懂得借力發力的人，就能夠以小博大，以弱勝強，以柔克剛，就能夠「四兩撥千斤」。

圖德拉是美國的一個工程師，他很想在石油界大展宏圖、大顯身手，但苦於沒有錢，怎麼辦？

有一天，他從一個朋友那裡得到一條資訊：阿根廷想採購兩千萬元的丁烷氣體。圖德拉突發奇想，決定去碰碰運氣。當他來到阿根廷之後，才發現自己碰到了強勁的對手——英國石油公司和殼牌石油公司。是打退堂鼓，還是迎難而上？他決定用自己的智慧，跟兩家公司競爭。

圖德拉精心調查，苦思良策。

一天，他在報紙上發現一則消息：阿根廷牛肉過剩，積壓嚴重，虧損大增，他們正不惜代價賣掉這些牛肉。這條消息引起了他的注意，這不是天賜良機嗎，為什麼不利用一下？於是，他找到阿根廷政府說：如果你買我兩千萬元的丁烷，我就買你兩千萬元的牛肉，也就是說，你不花一分錢，只要給我你積壓的牛肉，就可以得到兩千萬元的丁烷。這正是阿根廷夢寐以求的，於是當場簽了協議。

合約簽好後，圖德拉拿著牛肉的供貨單，跑到西班牙，因為那裡的造船廠沒有訂單，瀕臨倒閉。圖德拉對西班牙政府說：如果你買我兩千萬元的牛肉，我就在你們的造船廠打一艘兩千萬元的超級郵輪。西班牙政府的難題輕而易舉地解決了，非常高興。他馬上通過他們駐阿根廷的大使，叫他們把圖德拉的牛肉發往西班牙。

牛肉有了買主，那麼郵輪又賣給誰呢？圖德拉離開西班牙後，返回美國，直接跑到費城的石油公司。圖德拉對他們說，如果你們買我在西班牙建造的兩千萬元的超級郵輪，我就買你們兩千萬元的丁烷氣體。太陽石油公司見有利可圖，就同意了。就這樣，圖德拉一分不花，空手打進了石油界，從此大發其財。

王朔在《玩兒的就是心跳》裡說：「我們都是急性子，無利不起早，講究的是空手套白狼。」

在古代，白狼是一種祥瑞的動物，牠的出現往往和聖人、改朝換代聯繫在一起。據戰國時魏國的史書《竹書紀年》記載：「有神牽白狼銜鉤而入商朝。」《帝王世紀》也記載：「湯得天下，有神獐、白狼銜鉤入殿朝。」

可見，白狼是祥瑞的徵兆，每個得到它的國君都認為自己的道德高尚，獲得了白狼的青睞。「空手套白狼」因此也就成為一句褒獎之語，褒獎那些能夠空手把象徵祥瑞的白狼套住的有道國君和勇士。可是沒想到演變到如今，這一俗語居然成了一個貶義詞，成了騙子實施詐騙手段的同義詞。

其實，「空手套白狼」是指用最小的付出換取最大的回報，是做生意的最高智慧。《塔木德》裡有句話說：「沒有能力買鞋子時，可以借別人的，這樣比赤腳走得快。」善於借外力的人總是能成功借別人的金錢、智慧、名望，甚至社會關係，用以擴充自己的大腦，延伸自己的手腳，提高賺錢能力。

張斌在一個公園裡工作，這個公園裡有一大片空地，光禿禿的，張斌一直想把它綠化一下，但是成本太高，所以遲遲沒有行動。後來在一個朋友的幫助下，不到一年的時間，這片禿地就變成了萬紫千紅、芳香撲鼻的綠地。

他是怎麼做到的呢？

張斌在報紙上登了一則廣告，廣告語是這樣的：

親愛的市民朋友們：本公園是我市著名的旅遊景點，遊客眾多。為滿足大家的要求，我園特地開闢了一塊空地，供個人、團體、企事業單位種植紀念樹。

當你結婚的時候，你可栽上一棵「夫妻樹」、「同心樹」，讓你們同心同德，愛情萬古長青；在各種有紀念意義的時刻，你都可以在這裡栽上一棵紀念樹，比如「情人樹」、「生日樹」、「長壽樹」等。因園地面積有限，我園將根據預約登記順序確定，請有意者速來聯繫。

廣告登出去之後，很快就在全市引起了很大反響，前來報名栽樹的人絡繹不絕，有的老闆甚至包了一片地，打上自己企業的招牌，以企業的名稱命名，做起了形象廣告。

不到一年時間，荒地化作綠洲，公園不僅沒花一分錢，還收到了一筆數目可觀的苗木費、管理費。

法國著名作家小仲馬在他的劇本《金錢問題》中說過這樣一句話：「商業，這是十分簡單的事，它就是借用別人的資金。」西方商界有句名言這樣說：「只有傻瓜才拿自己的錢去發財。」很多人做生意的時候往往缺資金、缺技術、缺智慧。如果能夠學會借雞生蛋，巧借他人之力來為我所用，就不愁得不到發展和壯大。

## 人脈是設計出來的

廣泛的人際關係是一種十分重要的資源，人脈就是人際關係及其脈絡，也就是所謂的「關係」。人們常說：「有關係，就沒關係；沒有關係，就有關係了。」的確，單絲不成線，獨木難成林，沒有朋友、沒有人脈的人註定很難成功。

條條大路通羅馬，好的人脈是走向成功的一條捷徑。

人脈如同樹脈，一株小樹苗要想長成參天大樹，必須要有無數強壯的根脈供給它營養；人脈如同血脈，四通八達、錯綜複雜的血脈網路，是人的生命賴以存在的基礎。

勵志大師安東尼．羅賓說：「人生最大的財富便是人際關係，因為它能為你開啟所需能力的每一道門，讓你不斷地成長，不斷地貢獻社會。」

卡內基說：「一個人的事業成就百分之八十五來自人脈關係，只有百分之十五來自專業知識。」

好人脈，可以為你帶來巨大的財富。世界一流人脈資源專家哈維．麥凱就是巧妙地利用人脈來推銷自己，從而找到一份好工作的。

哈維．麥凱上大學的時候，正趕上全國經濟蕭條，所以，他也成了千萬失業大軍中的一員。哈維．麥凱的父親從前是位記者，認識一些在商界舉足輕重的人物。其中有一位叫查理．沃德的先生，是全世界最大的月曆卡片製造公司布朗．比格羅公司的董事長。

四年前，沃德因稅務問題而入獄服刑，哈維．麥凱的父親發現別人控訴沃德逃稅的案件有些失實，於是赴監獄採訪沃德，寫了一些公正的報導，幫他挽回了名譽，這使沃德非常感激麥凱的父親。

出獄後，沃德專門找到哈維．麥凱的父親，對他說：「你的孩子如果畢業後想找個好工作，我可以幫忙。」

走投無路的哈維．麥凱終於狠下心來，忐忑不安地撥通了沃德的電話。

誰知沃德回答得十分乾脆，他說：「你明天上午十點鐘直接到我辦公室面談吧！」

次日，哈維．麥凱如約而至。他為面試作了充分的準備，誰知面談卻變成了聊天。沃德興致勃勃地談到哈維．麥凱父親的那一段獄中採訪，整個談話過程非常輕鬆愉快。

聊了一會兒之後，沃德說：「我想派你到我們的直屬公司工作，就在對街——品園信封公司。」

就這樣，哈維．麥凱擁有了他的第一份工作，而且還有不菲的薪水和福利。

那不僅是一份工作，更是一份事業。四十二年後，哈維．麥凱已成為全美著名的信封公司——麥凱信封公司的老闆。

在品園信封公司工作期間，哈維．麥凱熟悉了經營信封業的流程，懂得了操作模式，學會了推銷的技巧，其中最大的收穫就是他為自己積累了大量的人脈資源，這些人脈後來便是他成就事業的關鍵。

哈維．麥凱事後深有感觸地說：「建立人脈關係就是一個挖井的過程，付出的是一點點汗水，得到的是源源不斷的財富。」

你所認識的每一個人都有可能成為你生命中的貴人，成為你事業中重要的顧客。沃德——一個曾經身穿囚衣的犯人，都有可能成就輝煌的人生和事業。可見，只要你善於開發，每一個人都會成為你的金礦。

那麼，我們該如何拓展自己的人脈呢？

### ◎不要錯過讓自己露臉的機會

多參加一些團體和社會活動，即使是公司內部的旅遊團、健身房等團體，都是推銷自己結交他人的好管道，也是一個可以樹立自己形象的好機會。

你只有主動出擊，才能得到認識貴人的可能性。法國億而富機油前總裁就是一個善於跟陌生人溝通的人。他定下目標，每年要與一千個人交換名片，跟其中兩百個人聯絡，並跟其中的五十個人成為朋友。

**◎主動聯繫**

平時的主動聯繫可能會讓自己在求人辦事時不那麼被動。時常打打電話，發發資訊和郵件，節假日送點小禮品道聲問候，噓寒問暖，聊聊家常，在平常的日子裡逐漸加深彼此間的感情，才可以在辦事的時候讓人為你盡力。

**◎結識朋友的朋友**

每個人都有自己的交際圈，也有自己的朋友，要想讓自己的交際圈子更大一些，多結識自己朋友的朋友就是一個很好的辦法。結識朋友的朋友更加快捷，由於彼此之間有了朋友的牽線搭橋，能夠減少交流溝通的時間，從而可以使彼此在較短的時間內建立起比較好的關係。

**◎堅持原則**

堅持原則，同時又善於變通。在大是大非上要毫不動搖，這樣別人才會覺得你值得信賴。

**◎不要吝嗇與他人分享**

無論是金錢、朋友還是其他社會資源，獨樂樂不如眾樂樂，何況從這種分享中你也會得到更多他人擁有的東西，何樂而不為呢？

### ◎吃點小虧

很多人都喜歡占點小便宜，如果在交往中讓對方得利多一點，對方就會樂意與你交往，相反，則很可能與你疏遠。這其實並不是什麼大毛病，也不妨礙彼此間的交情。吃點小虧看似受到損失，其實是一種情感上的投資。因為大家都是明白人，誰多得、誰少拿心裡都很清楚，對方占了便宜自然會覺得有所虧欠，遇上恰當的時候自然會給予補償。

人脈，是比金錢更重要的成功資本，也比金錢更容易得到。只要我們付出真心，就會換回真情。從現在開始，請有意識地累積你的人脈，不久的將來，你會發現，這些正是助你成功必不可少的財富。

## 再窮也要站到富人堆裡

有句俗話：「近朱者赤，近墨者黑。」在西方，這種觀點也同樣盛行。猶太人認為：將和你比較親密的五個人和他們的收入寫出來，就能計算出你的收入——這五個人收入的平均數，就是你的收入。雖然很多人不相信這種說法，但是事實卻證明這種說法的正確性相當高。

與什麼樣的人相處，常常會影響到自己。和勤奮的人在一起，你不會懶惰；和積極的人在一起，你不會消沉；與智者同行，你會不同凡響；常常與百萬富翁在一起，你就很可能成為百萬富翁。

不管在現實生活中還是在想像中，你習慣相處的那些人，會對你想成為理想人物的目標有極大的影響力。甚至可以說：我們的命運不是掌握在自己手裡，而是掌握在我們的朋友手裡！

你為什麼學這個專業？因為朋友的影響。

你為什麼經常去這個餐廳？因為朋友的影響。

你為什麼會結夥搶劫？因為朋友的影響。

你為什麼去炒股？因為朋友的影響。

你為什麼去紋身、打耳洞？因為朋友的影響。

你為什麼去做傳銷或保險？因為朋友的影響。

你為什麼在看這本書？因為朋友的影響。

……

成功最最重要的就在於擁有成功的朋友。一位商界精英感慨地說：「這一生最讓我感到踏實的就是我交到了一些真正的朋友，我相信即使明天我什麼都沒有了，從頭做起，我用三天時間就能夠再賺幾百萬。為什麼？因為那些朋友中至少有相當一部分還會認同我，有了他們，我就有可能再來過，所以我很輕鬆、很放心。」

日本有一位窮其一生研究猶太人經商思維和行為習慣的教授叫手島佑郎，他有一句名言：「有一種窮人算是窮到家了，他們寧願位列一支窮人的隊伍之首做一輩子窮人，也不願跑到一支富人的隊伍之尾去做一會兒富人。」

的確，在現實生活中，很多人都信奉「寧做雞頭不做鳳尾」的觀念，這其實就是一種不思進取、害怕挑戰的畏懼表現。

馬克．吐溫說：盡量遠離那些輕視你雄心壯志的人。挫他人的志氣是小人一貫的伎倆；相反，真正偉大的人則會令你感覺到自己的不平凡。

在你的一生中，無論在何種情形下，你都要不惜一切代價進入能夠激發自己潛能的氛圍中，努力接近那些瞭解你、信任你、鼓勵你的人，這對你日後的成功具有莫大的影響。

南北朝的時候，有個叫呂僧珍的人，他待人忠實厚道，從不跟別人耍心眼。呂僧珍的家教極嚴，他對每一個晚輩都耐心教導、嚴格要求。他的一個堂兄本以賣蔥為業，聽說呂僧珍當官後，就放棄舊業，要求呂僧珍為他在州裡安排個官做做。呂僧珍說：「我蒙受國家重恩，只求秉公任事以上報朝廷。你有自己的職業，怎能因為我做了官便存非分之想？趕緊回到你的蔥鋪去。」

南康郡守宋季雅也是個正直的人，他為官清正，從不徇私枉法，所以他得罪了很多朝中顯貴，一些大官僚都視他為眼中釘、肉中刺，總想除去這塊心病。終於，宋季雅被革了職。

宋季雅被罷官以後，一家人只好從華麗的大府第搬了出來。可是到哪裡去住呢？這是一個頗讓宋季雅頭疼的問題。他離開住所，四處打聽，看哪裡的住所最符合他的心願。很快，他從別人口中得知，呂僧珍家是一個君子之家，家風極好。他來到呂家附近觀察，發現呂家子弟個個溫文爾雅，知書達禮，果然名不虛傳，不禁大喜。

說來也巧，呂家隔壁的人家要搬到別的地方去，打算把房子賣掉。宋季雅趕快去找房子的主人，願意出一千一百萬錢的高價買房，那家人很是滿意，二話不說就答應了。於是宋季雅將家眷接來，就在這裡住下了。

呂僧珍過來拜訪這家新鄰居。兩人寒暄一番，談了一會兒話。呂僧珍問宋季雅：「先生買這幢宅院，花了多少錢呢？」宋季雅據實回答。呂僧珍很吃驚地說：「據我所知，這處宅院已不算新了，也不是很大，怎麼價錢如此之高呢？」

宋季雅笑了，回答：「我這錢裡面，一百萬錢是用來買宅院，一千萬錢是用來買您這位道德高尚、治家嚴謹的好鄰居啊！」

宋季雅寧肯出高得驚人的價錢，也要選一個好鄰居，這是因為他知道好鄰居會給他的家庭帶來良好的影響。可見環境對於一個人各方面的影響，是不容忽視的。

生活中，你喜歡跟窮人在一起，即使你再成功也還是一個窮人。在乞丐中做得再成功，最多就是一個丐幫幫主；而在富人圈裡，哪怕是富人的門童，至少也是半個富人。天天與富人一起，學到的思維和行為方式就為你奠定了成為富人的基礎。

# 放長線，釣大魚

遠見，是事業成功的思想基礎。有遠見的人，才能作出英明的決定；鼠目寸光的人，由於缺乏長遠的打算，總是顧及一邊，卻錯失了另一邊。

毛澤東曾在中共七大的結論中講道：「什麼叫作上司？上司和預見有什麼關係？預見就是預先看到前途趨向。如果沒有預見，叫不叫上司？我說不叫上司。沒有預見就沒有上司。」

毛澤東所說的「預見」其實就是遠見。如果你有遠見，又勤奮努力，那麼將來就很有可能實現目標。誠然，未來是無法保證的，任何人都一樣，但你成功的機會能大大增加。

想要獲得成功，光有遠見和勤奮是不行的，你還必須要有一個強大的人脈網，而獲取這個人脈網，就要進行感情投資，即所謂的「放長線，釣大魚」。

善於放長線釣大魚的人，在看到大魚上鉤之後，總是不急著收線揚竿，把魚甩到岸上。因為這樣做，到頭來不僅可能抓不到魚，還可能把魚竿折斷。他會按捺下心頭的喜悅，不慌不忙地收幾下線，慢慢把魚拉近岸邊。一旦大魚掙扎，便又放鬆釣線，讓魚游竄幾下，再次慢慢收線。如此一收一弛，待到大魚精疲力竭，無力掙扎時，才將牠拉上岸。

俗話說：「台上一分鐘，台下十年功。」人情也是同樣，善於放長線的人，才能夠釣上大魚，感情投資得越早，得到的回報也就越多。

某中小企業的董事長長期承包那些大電器公司的工程，對這些公司的重要人物常施以小恩小惠。這位董事長的交際方式與一般企業家的交際方式不同之處在於：不僅奉承公司長官，對年輕的職員也殷勤款待。

誰都知道，這位董事長並非無的放矢。事前，他總是想方設法將電器公司中各員工的學歷、人際關係、工作能力和業績作一次全面的調查和瞭解，認為這個人大有可為，以後會成為該公司的要員時，不管他有多年輕，都盡心款待。這位董事長這樣做是為日後獲得更多的利益作準備。

這位董事長明白，十個欠他人情債的人當中，有九個會給他帶來意想不到的收益。他現在做的「虧本」生意，日後會利滾利地收回。

所以，當自己所看中的某位年輕職員晉升為科長時，他會立即跑去恭賀、贈送禮物，同時還邀請對方到高級餐館用餐。年輕的科長很少去這類場所，因此對他的這種盛情款待自然倍加感動，心想：「我從前從未給過這位董事長任何好處，並且現在也沒有掌握重大交易決策權，這位董事長真是位大好人！」這位年輕科長自然產生了知恩圖報的意識。

正在受寵若驚之際，董事長卻說：「我們公司能有今日，完全是靠各位貴人的抬舉，因此，我向你這位優秀的職員表示謝意，也是應該的。」這樣說的用意是不想讓這位職員有太大的心理負擔。

這些職員直到晉升至處長、經理等要職時，還記著這位董事長的恩惠。因此在生意競爭十分激烈的時期，許多承包商倒閉的倒閉、破產的破產，而這位董事長的公司卻仍舊生意興隆。

縱觀這位董事長的「放長線」手腕，確有「老薑」的「辣味」。這也揭示出求人交友要有長遠眼光，盡量少做臨時抱佛腳的買賣，而要注意有目標的長期感情投資。

明代宰相嚴嵩是中國歷史上著名的奸臣。他當政二十多年，把嘉靖帝玩弄於股掌之中，群臣只能聽任他擺布。

有一次，宜春縣令劉巨塘進京覲見嘉靖皇帝後，隨從眾人前往嚴府，為嚴嵩祝壽。嚴嵩十分傲慢無禮，隨意招呼過眾人，命人把大門關上，禁止任何人出入。

到了大中午，仍然沒人安排酒食。劉巨塘饑渴交加，只得在府中亂轉。

這時，一名叫嚴辛的僕人把劉巨塘領到自己的住處，用好酒好菜招待他，並告罪說：「是我家主人怠慢大人，若大人不責怪我家主人，小人就稍感安心。」

劉巨塘有點受寵若驚，「我官小職微，無足輕重，承蒙你家主人接待，已感榮幸，哪敢責怪呢？」

嚴辛笑了笑，「大人真的沒有怨言？」

劉巨塘擔心窗外有耳，於是正色說：「我真心為你家主人祈福，哪有怨言可發？」

嚴辛說：「此地就你我二人，大人不必諱言。我雖為嚴家僕人，也知世故人情，故而和大人傾心交談。」

劉巨塘不明其意，「你有何意，直接講出來，我絕不外傳。」

嚴辛起身，拱手說：「與大人相識，是我的造化，還望大人日後關照我，不忘今日之情。」

劉巨塘不解地說：「你家主人如日中天，我只是小小縣令，能為你做什麼事呢？」

嚴辛緩緩說道：「我家主人對上恭順，對下傲慢，以君子自居，卻行小人之事。我追隨他多年，深知他有敗露之時。有一天，他大禍臨頭，我等勢必受到牽連，現在不趁早尋個依靠，找個退路，則為時晚矣。我見大人心地良善，當為託付之人，故而赤誠相告。」

劉巨塘驚駭不已，隨口道：「你就這麼肯定你家主人要遭禍嗎？我實難相信吶。」

嚴辛鄭重說：「大人遭他輕視，只此一節，便可察知他的為人真相了，大人還有何懷疑嗎？所謂察微知著，一葉知秋，今日之事乃大人所親歷，自無須我多言了。」

劉巨塘心中佩服嚴辛的見識，嘴裡卻百般不予承認。

幾年後，嚴嵩垮台，嚴世蕃被殺，嚴辛受牽連下獄。此時，劉巨塘正好在袁州當政，主理嚴辛的案子。他感念舊情，將嚴辛發配邊疆，免其一死。

受者無心，「釣」者有意，善於結交廣泛人脈的人，必定會有一番成就。讓感情投資成為你日後輝煌的鋪路石，你的事業將會變成坦途。

## 拜冷廟，燒冷灶，交落難英雄

黃蜂與百靈鳥口渴難耐，就找農夫要水喝，並答應付給農夫豐厚的回報。百靈鳥向農夫許諾牠可以替葡萄樹鬆土，讓葡萄長得更好、結出更多的果實；黃蜂則表示牠能替農夫看守葡萄園，一旦有人來偷，牠就用毒針去刺。農夫並不感興趣，對黃蜂和百靈鳥說：「你們沒有口渴時，怎麼沒想到要替我做事呢？」

這個寓言告訴我們這樣一個道理：平時如果不注意與人方便，等到有求於人時再去替人出力，就顯得太遲了。

諷刺急時求人的做法，最簡練精彩的話就是「平時不燒香，臨時抱佛腳」。其實在這種情況下，再靈的佛都不會幫助你，因為你平常心中就沒有佛，有事才來懇求，佛怎會當你的工具呢？所以我們求佛，應在平時燒香。而平時燒香，也表明自己別無需求，完全出於敬意，絕不是買賣；一旦有事，你去求，對方念在往日你的熱忱，也不會拒絕。

至於去哪兒燒香，也有道理可循。我的建議是：盡量去一些平常沒人去的冷廟，不要只挑香火繁盛、香客眾多的廟。熱門的廟因為燒香人太多，神仙的注意力分散，你去燒香，也不過是眾香客之一，顯不出你的誠意，神仙對你也不會有特別的好感。

但冷廟的神仙就不同了，平時冷廟門可羅雀，你卻很虔誠地去燒香，神仙當然對你感激涕零。同樣燒一炷香，冷廟的神仙卻認為這是天大的人情，日後有事相求，自然特別照應。

有一位上司，因行為上犯了點錯誤而失勢，他昔日的一些朋友和部下都離他而去。他心情很鬱悶，甚至動了自殺的念頭。這時，他的一個部下不怕受連累，主動來見他，給他帶來禮物，並開導他說輕生的想法要不得，和他一起分析局勢。下屬的鼓勵使他認識到自己的前途並非那麼黯淡，終於堅持了下來。後來這位上司東山再起，由於十分感激這名部下，就把手中最重要的部門交給了他，並在退休後幫助他坐到了自己當初的位置。

平時不樂於向冷廟「燒香」，事到臨頭再來「抱佛腳」，已經為時過晚。一般人總以為冷廟的菩薩不靈，所以才成為冷廟。其實英雄落難，壯士潦倒，都是常見的事，只要一有機會，風雲突變，仍會一飛沖天、一鳴驚人的。

二十多年前，美國移民潮風起雲湧。一個叫邁克的年輕律師，在一個移民集中的小鎮成立了一間律師事務所，專門受理移民的各種事務和案件。創業之初，儘管他每天忙碌，但仍然窮得連台影印機都買不起。他整天開著一輛破車，來往於移民之間，盡自己的所能，真誠地幫助需要幫助的移民。

後來隨著邁克律師事務所在當地小有名氣，財富也接踵而來，他的辦公室擴大了，並有了自己的職員和秘書。

正當事業如日中天的時候，他將所有的資產都投資於股票，卻幾乎全部虧盡，更不巧的是，由於美國移民法的修改，職業移民額削減，他的律師事務所漸漸門可羅雀，終於，他破產了。

就在他不知自己的下半生如何度過、感嘆人生無常時，他收到了一位公司總裁寄來的信。信中說他願意把公司百分之三十的股份無償贈送給他，且旗下的兩家公司，隨時都歡迎他做終身法人代表。

邁克簡直不相信自己的眼睛，這是真的嗎？是誰在自己最危難的時候幫助自己？邁克決定親自去拜訪這位總裁。

對方是一位四十開外的波蘭裔中年人，「還認識我嗎？」總裁微笑著問邁克。邁克搖搖頭。總裁微微一笑，從辦公桌的抽屜裡拿出一張皺巴巴的五美元匯票，上面夾著的名片印有邁克律師事務所的位址、電話。可是邁克實在想不起有這一樁事情。

「十年前，在移民局。」總裁開口了：「我在排隊辦工卡。排到我時，移民局已經快關門了。當時，我不知道工卡的申請費用漲了五美元，移民局不收個人支票，我又沒有多餘的現金。如果我那天拿不到工卡，雇主就要另雇他人了。這時，是你從身後遞了五美元過來，我要你留下地址，好把錢還給你，你就給了我這張名片。」

邁克問：「後來呢？」

「不久我在這家公司連續申請了兩個專利，事業發達起來，本想加倍地把錢還給你，但我到美國之後工作生活經歷了許多的磨難和冷遇，是你的五美元改變了我對人生和社會的態度，我怎麼會把這五美元輕易地送出呢？」

這個故事聽起來蘊含著偶然性，而偶然性的發生卻蘊含著必然性。一個有著善心和善舉的人，是應該得到回報的，這種回報與其說是上帝的賜予，不如說是邁克當初種下了善因，試想一下，假如當初邁克沒用五美元助人，今天他怎麼會得到那麼大的恩惠呢？

俗語說：「投我以木桃，報之以瓊瑤。」你幫助了他人，他人便欠了你一個人情。他多半會回報的，因為這是人之常情。說明別人就彷彿你在銀行裡存款一樣，存得越久，存得越多，利息才會越多。

所以，從現在起，多注意一下你周圍的朋友，若有值得上香的「冷廟」，可千萬不要錯過。

# Chapter 9

## 最高的境界是厚黑：做個「好意思」的人

臉厚心黑，先下手為強

屈尊降貴，自貶身分

追女祕笈：膽大心細臉皮厚

打一巴掌，切記揉三下

伸手不打笑臉人，用笑臉抵擋一切

寧可得罪君子，也不得罪小人

量小非君子，無毒不丈夫

欲成大事，婦人之仁要不得

凡事留三分餘地，不是為別人，而是為自己

## 臉厚心黑，先下手為強

俗話說：「先下手為強，後下手遭殃。」在博弈中，如果你能夠先下手搶佔先機，便可以步步走在對手的前面，從而達到克敵制勝的目的。

不管是在生活中還是在職場中，對敵人的一絲一毫的仁慈，就意味著對自己的殘忍，甚至可能讓你全軍覆沒。所以每一個成功人士都要練就一副鐵石心腸，在與對手爭鋒時，一定要想盡辦法率先出擊，先發制人，把對手徹底摧毀，為自己奪取絕對的優勢地位。

西元六一八年，李淵建唐，稱唐高祖。他冊立李建成為太子，封李世民為秦王，李元吉為齊王。太子李建成自知功勞權勢遠不如李世民，恐日後皇位為李世民所奪，便與李元吉合謀，屢次設計暗害李世民。

一次，李建成、李元吉假意擺下酒席，邀李世民赴宴，卻在酒中下了劇毒。李世民生性豁達，坦然不疑，舉杯欲飲。好在有上天眷顧，李世民才飲一小口，一隻燕子飛過，遺糞於杯中，弄髒了李世民的衣服。李世民欲起身更衣，忽然腹痛如絞，回府後，通宵泄瀉，嘔血數升。李世民心裡明白，一定是李建成在酒裡下了毒，趕快請醫服藥，總算慢慢好了。

太子與齊王看到此計不成，又生一計。那時，突厥進犯中原，李建成向唐高祖建議，讓李元吉代替李世民帶兵北征。唐高祖任命李元吉做主帥，李元吉又請求把尉遲敬德、秦叔寶、程咬金三員大將和秦王府的精兵都劃歸他指揮。

他們打算把李世民身旁的這些將士調開，這樣就可以放心地除掉李世民了。

有細作把這個計劃報告了李世民。李世民感到形勢緊急，連忙找長孫無忌和尉遲敬德商量。兩人都勸李世民先發制人。李世民說：「兄弟互相殘殺，是我最不願意看到的。還是等他們動了手，我們再來對付他們。」

尉遲敬德勸道：「現在大禍臨頭，你如果不重視自己的生命，我們沒有話說，但是你身負重責大任，上司邦國，應以宗廟社稷為重。假使秦王不採納我們的意見，請准我辭歸故里。現在明知我們會被殺死，怎麼能留在這裡坐以待斃？」見李世民依然猶疑，他又說：「處事疑慮不決，非智也；遇到困難躊躇不前，非勇也。」

終於，李世民決定發動政變，除掉李建成、李元吉。

第二天早上，李世民叫長孫無忌和尉遲敬德帶了一支精兵，埋伏在皇宮北面的玄武門，只等李建成、李元吉進宮。

沒多久，李建成、李元吉騎著馬朝玄武門來了。他們到了玄武門邊，覺得周圍的氣氛有點反常，心裡犯了疑，兩人撥轉馬頭，準備回去。

李世民從玄武門裡騎著馬出來，高喊：「殿下，別走！」

李元吉轉過身來，拿起身邊的弓箭，就想射殺李世民，但是心裡一慌張，連弓弦都拉不開來。李世民眼明手快，射出一支箭，把李建成先射死了。緊接著，尉遲敬德帶著七十名騎兵一起衝了出來，他一箭把李元吉也射下馬來。

東宮和齊王府的將士聽到玄武門出了事，全部出動，猛攻秦王府的兵士。李世民一面指揮將士抵抗，一面派尉遲敬德進宮。

唐高祖正在皇宮裡等著三人去朝見，尉遲敬德手拿長矛氣喘吁吁地衝進宮來，說：「太子和齊王發動叛亂，秦王已經把他們殺了。秦王怕驚動陛下，特地派我來保駕。」

高祖這才知道外面出了事，嚇得不知道該怎麼辦才好。

宰相蕭瑀等說：「李建成、李元吉本來沒有什麼功勞，兩人妒忌秦王，施用奸計。現在秦王既然已經把他們消滅，這是好事。陛下把國事交給秦王，就沒事了。」

到了這步田地，唐高祖要反對也沒用了，只好聽左右大臣的話，宣布李建成、李元吉罪狀，命令各府將士一律歸秦王指揮。過了兩個月，唐高祖讓位給秦王，自己做太上皇。李世民即位，就是唐太宗。

假若在當時那種危急情況下，李世民不能冷靜地聽取部屬的意見，不能當機立斷，先下手為強，中國歷史中唐朝的那一段就會改寫，貞觀盛世就不會出現了。

在博弈中，只有佔據了主動地位，才能夠有更大的勝算。但是，要佔據主動地位，首先要有充分的準備，先下手為強還要有先下手的資本。如果明知道自己處於弱勢還要先下手，結果一定是「先下手遭殃」。

在歷史上有很多關於先下手為強的例子：

三國時期的曹操，多疑且殘忍，把招待自己的呂伯奢一家給殺了個雞犬不留；而陳宮，他幾次舉劍欲殺曹操，然而每次都下不了手，最終他還是死在曹操手下。

漢景帝時，晁錯為內史，很受景帝信用，提出過許多革新的建議。丞相申屠嘉因為晁錯的建議觸犯了他的利益，一直在伺機陷害他。

內史府建在太上廟圍牆裡的空地上，門朝東，出入很不方便，晁錯便向南邊開了兩個門出入，因而鑿開了太上廟的圍牆。申屠嘉借此大做文章，狀告晁錯擅鑿廟牆為門，奏請殺頭。晁錯聽到申屠嘉的圖謀後，趕到申屠嘉之前，將真實情況向景帝報告。所以待到申屠嘉告狀時，漢景帝只輕描淡寫地說了一句「不是高牆，是廟外空地上的短牆」，便否決了申屠嘉的小報告。

申屠嘉回家後大發脾氣，說：「我應當趕在他的前面，他趕前了，我反而被他賣了。」

猶太人被認為是世界上最會賺錢的民族，他們說過這樣一句諺語：「人的一生中，有三樣東西不能使用過多，做麵包的酵母、鹽和猶豫。」對於有經商頭腦的猶太人來說，酵母放多了，麵包就會發酸；鹽放多了，菜就會很鹹；而做事總是猶豫不決、只說不做，就會痛失很多機會。

《孫子兵法》中說：「昔之善戰者，先為不可勝，以待敵之可勝。不可勝在己，可勝在敵。故善戰者，能為不可勝，不能使敵之必可勝。故曰：勝可知，而不可為。」先發制人，方能克敵制勝。在血與火的搏鬥中，是沒有什麼斯文客套可講的。趁守敵不加防備或沒有作好充分準備的時候，先下手者必得先機之利。

## 屈尊降貴，自貶身分

孟子曰：「人皆有不忍人之心。」意思是說，世界上每個人都具有同情弱小和憐憫受難者的仁慈感情。人都願意幫助弱者，因為這樣可以顯示出自己的強大，滿足自己的虛榮心。

有鑑於此，我們在求人的時候，不妨把自己貶得一文不值，盡量表現得可憐兮兮，以滿足對方的虛榮心。降低自己的身段，對別人是一種捧，一種無形的變相吹捧，運用自如自會收到意想不到的效果。

傑瑞畢業於美國著名的史丹佛大學，又在德國的佛萊堡大學拿到了碩士學位。按常理來說，這種擁有高學歷的人才應該是很多公司爭搶的對象，可是當傑瑞帶齊了所有文憑，去見美國西部的大礦主亨利的時候，卻遇到了麻煩。

原來，亨利是個脾氣古怪又很固執的老頭，自己沒什麼文憑，所以不相信有文憑的人，更不喜歡那些文謅謅只會講理論的工程師。當傑瑞前去應聘遞上文憑時，滿以為亨利會樂不可支，沒想到亨利卻果斷地搖搖頭，「我之所以不想用你，是因為你曾經是德國佛萊堡大學的碩士，你的腦子裡裝滿了一大堆沒有用的理論，我可不需要什麼文謅謅的工程師。」

聰明的傑瑞聽了這番話，不僅沒有生氣，還心平氣和地說：「假如你答應不告訴我父親的話，我會告訴你一個祕密。」亨利表示同意。

於是，傑瑞對亨利說：「其實，我在史丹佛並沒有學到什麼，那三年就好像是稀裡糊塗地混過來的一樣。」

沒想到，亨利聽後笑嘻嘻地說：「好，很好，明天你就來上班吧。」

也許有人認為，傑瑞的做法不十分合適。當然，沒有一件事是百分百完美的。問題的關鍵是，這樣處理之後，是不是能夠既不傷害別人，又能把問題解決掉。就拿傑瑞來說，他貶低的不是對方，而是自己，他的學識如何當然不是由他自己評價的。而且，就是把自己抬得再高，也不會使真正的學識增加一分一毫；反過來，即使貶得再低，也不會使自己的學識減少一分一毫。

外斂內修、鋒芒不露乃是古人之訓，也是為人處世的要義。我們的祖先尤其注重德行的修養，進而完善自我，達到實現自我價值的目的。

鷹立如睡，虎行似病。雄鷹站立的樣子好像睡著了，老虎行走時懶散無力彷彿生了大病，實際上這正是牠們捕食的高明手段。所以君子要聰明不露、才華不逞，才有肩鴻任鉅的力量。

你立志要做出一番事業的話，首先就要放下所謂的面子，不去在乎你的地位，不去計較你的身分，保持平和的心態，有從零開始的準備，只有這樣，路才會越走越寬廣。

有一位在美國留學的電腦博士，辛苦了好幾年，總算畢業了。可是，雖說是拿到了響噹噹的博士文憑，卻一時難以找到工作。沒有工作，生計沒有著落，這個滋味可是不好受。他苦思冥想，終於想到了一個絕妙的點子。

他決定收起所有的學位證明，以一個最低身分去求職。這個法子還真靈，一家公司老闆錄用他做程式輸入員。這工作對他來說簡直是高射炮打蚊子——大材小用。不過，他還是一絲不苟、勤勤懇懇地幹著。

不多久，老闆發現這個新來的程式輸入員非同一般，他竟然能看出程式中的錯誤。這時，這位小夥子掏出了學士證書。老闆二話沒說，立刻給他換了個與大學畢業生相符的職位。

又過了一段時間，老闆發現他時常能為公司提出許多獨到而有價值的見解，這可不是一般大學生的水準呀！這時，這位小夥子又亮出了碩士學位證書，老闆看了之後又提升了他。

他在新的崗位上做得很出色，老闆覺得他還是與別人不一樣，非同小可。於是，老闆把他找到辦公室，對他進行詢問，這位聰明人才拿出了他的博士證書。

老闆這時對他的水準有了全面的瞭解，便毫不猶豫地重用了他，這位博士終於獲得了成功。

這位博士的點子好就好在以退為進，看上去是貶低了自己，也讓別人看低了，但是身處低位、被人看輕不要緊，一旦有機會，就可以大放異彩，展露才華，讓別人、讓老闆對你一次次刮目相看，你的形象便慢慢高大起來了。

古人稱：「鶴立雞群，可謂超然無侶矣，然進而觀於大海之鵬，則渺然自小，又進而求之九霄之鳳，則巍乎莫及。」山外有山，人外有人，在做學問、做官時，只要以「謙」字鋪路，你就會在人際關係上做到遊刃有餘，將來才會對自己、對社會盡到責任，才會有所作為、有所成功。而妄言輕人，即使才華橫溢也難以成就大業。

電影《阿甘正傳》也能對我們有所啟示。自認弱智的阿甘，從來就習慣把自己放在一個相對低下的位置，所以他有許多可以借助的對象。因為你居下，就沒人把你看成競爭對手，就沒人要想方設法算計你；因為你居下，許多自認為「高」的人，才會願意幫助你，讓他獲得一種虛榮的滿足。

法國哲學家羅西法古有句名言：「如果你要得到仇人，就表現得比你的朋友優越；如果你要得到朋友，就讓你的朋友表現得比你優越。」職場上，聰明的員工對自己的成就總是輕描淡寫，謙虛，不張狂；愚蠢的員工則大聲喧譁，譁眾取寵，結果眾叛親離。

總之，別忘了老祖宗們總結出的教訓：「人怕出名豬怕肥。」還有一句是：「槍打出頭鳥。」

## 追女祕笈：膽大心細臉皮厚

喜歡張愛玲的人，肯定也知道胡蘭成，一個是當時上海最負盛名的女作家，一個是汪偽政府的要員。在亂世之中，他們的一段「孽緣」，成了眾人爭相評論的焦點。

在花花公子胡蘭成所著的《今生今世》中，胡蘭成和護士小周在江邊談情說愛的那一節特別有意思。胡蘭成對小周說：「我看著妳看著妳，想要愛起妳來了。」

胡蘭成也算是一代才子，但談情說愛竟是如此直接和沒有情調，這分明是農夫跟村姑的對白。不過，這種看似俗氣簡單的對白，卻不禁讓人回味萬千。

他和一代才女張愛玲的談情說愛，也不怎麼高明。在《民國女子》那一章裡，描寫他和張愛玲的初次見面，張愛玲在他看來，簡直是仙女下凡，不但「翩若驚鴻」，還「正大仙容」。兩人相見恨晚，長談五小時，談文學談詩詞談生活瑣事。後來胡蘭成送張愛玲到弄堂口，兩人並肩走，胡蘭成冒出一句：「妳的身材這樣高，這怎麼可以？」他說，就是這樣一句話，兩人一下子就近了。

以張愛玲那樣的才女，博覽群書，見慣了大場面，和她談情說愛，送幾首情詩，或者背誦幾句古典詩詞給她聽，恐怕她都會覺得俗氣。於是胡蘭成挑了最平常的話來講，就是這幾句話，消除了兩人的隔閡。這也正暗合了網友總結的幾句戀愛箴言：「如果她涉世未深，請帶她嘗遍世間繁華；如果她歷經滄桑，請帶她坐十次木馬。」

胡蘭成追求女人，從來不屑於用什麼花言巧語，因為他懂女人的心，一如他說：「我於女人，與其是愛，毋寧說是知。」

而且，胡蘭成對女人總是有那麼一種冒失，他第一次對張愛玲說那樣的話，是一種含蓄、小心翼翼的試探，也有一種刻意的冒犯。他對日本女人一枝更冒失，認識的第三天，就請一枝和阿婆看電影。一枝在夏天穿的是一件短袖子，他就把手搭在人家臂膀上了。他說，「自己分明曉得是壞」。於是，這位一枝小姐很快又成了胡蘭成的女人，和他同居了三年。

《古惑仔》中山雞哥說過，追女孩子要「膽大心細臉皮厚」。短短的七個字也算是真理，為什麼呢？山雞哥這樣解釋：因為你開口就有一半的成功機會。不開口呢，機會等於零。

在情場上，這七個字的確是戰無不勝的利器。我們經常發現，身邊漂亮的女人往往被小流氓騙走了，癩蛤蟆偏偏吃到了天鵝肉。這些女孩可能沒被金錢、權力、相貌所擊倒，卻在這七個字的猛烈攻勢下當了俘虜，可見這七個字分量之重。

### ◎膽大

有個青年喜歡上一位女孩，一個人在心裡偷偷地喜歡，從來不敢說出口，喜歡得懦弱，喜歡得刻骨銘心。女孩也似乎有意，一起用餐時，她給他盛來一碗白淨的米飯，上面蓋著厚厚的肉丁。他不好意思吃，當著眾人的面推辭過去。女孩以後再也不理他了，後來嫁給了一個他瞧不起的酒鬼。

酒鬼的膽量真大，當著姑娘父母的面求婚，當著眾人的面拉她的手。有次淹大水，姑娘過河，陷在漩渦裡不敢動，青年看見了，不敢下去抱她脫離險境，急得團團轉；酒鬼看見了，像石頭一樣跳下去，抱起姑娘涉水而過。後來青年每次見到這兩個人，都遠遠地躲開。

愛情，本來就是你追我趕的事，撐死膽大的，餓死膽小的，要放得開，大膽去追才能有所收穫。如果你愛上了一個女人，卻不敢主動對她說出來，不敢對她展開攻勢，最終肯定是「無可奈何花落去」，「一江春水向東流」，落得自怨自艾的結局。

◎心細

很多人認為，膽大和心細是對立的，膽大的人往往都不心細，而心細的人卻似乎總是不夠膽大。但是，想要贏得美人的芳心，就必須強迫自己心細如髮：記得她每天梳什麼髮式、穿什麼衣服；風起的時候，為她披上外衣；各種生日、紀念日要記牢，情人節、耶誕節禮物務必精心策劃，提前準備好；她不開心的時候，你認真地傾聽……沒有哪一個女人能不被這種溫柔的攻勢打動。

◎臉皮厚

一位名叫赫莉尼．多易秋的女性心理學者說：「女性與生俱來有『被虐』的傾向。」這話雖然有些偏頗，不過當一個女人對你大喊「我討厭你！我討厭你！」時，她的內心未必真的討厭你。

剛開始時，她可能會對你這種「死乞白賴」的行徑感到厭煩，「他的臉皮好厚，真令人討厭！」不過，只要你夠耐心，將厚臉皮進行到底，她就會這樣想，「天啦，他真是不可理喻的傢伙，他的那種熱情，實在教人吃不消！」

女：在？

男：我無處不在！
女：暈。
男：往我懷裡暈。
女：呵呵，你叫什麼？
男：我姓南宮名鵬友，簡稱南鵬友！
女：呵呵，朋友。
男：請叫我全名男朋友！
女：少來，又占我便宜。
男：妳又不是市場裡的菜，我幹嘛占妳便宜？
女：討厭！
不夠厚臉皮？那就不妨學學這位仁兄。

## 打一巴掌，切記揉三下

「打一巴掌揉三揉」可以說是厚黑對待下屬理論的精髓體現。既要會「打」人，也要會「哄」人。中國東北有句俗話「打一巴掌，再給個紅棗吃」說的是同一個意思。

日本企業家松下幸之助說過：「任何人難免會犯錯，即使是一些職務很高的人也不例外。對於我們公司幹部的過錯，我絕不會視而不見，對他們採取姑息寬容的態度。相反，我要提出書面批評，提醒他們改正錯誤。」

作為一名握有一定權力的上司，對待有過錯的下屬，無非是既「打」又「哄」。在「打」的時候心要黑，要真打，並且打在他的痛處；「哄」的時候臉要厚，讓他意識到「我是看你有前途才捨得罵你」。如此，當受到斥責的下屬聽了這話以後，必然會深深體會到「愛之深，責之切」的道理，肯定會更加發奮努力。

一次，索尼一家分公司的隨身聽不斷接到投訴。調查發現，是產品的包裝出現了問題，分公司立即更換了包裝，及時解決了問題。

但是，董事長盛田昭夫依然不依不饒，並召開了董事會。會上，盛田昭夫對經理進行了嚴厲的批評，並要求全公司引以為戒。然而，這位經理在索尼幹了幾十年，為公司立下了汗馬功勞，也是第一次在全體董事面前接受如此嚴厲的批評，禁不住失聲痛哭。

會後，經理萌生退意，董事長秘書卻請他一起吃飯。她說：「對於此事，董事長也是出於無奈，董事長沒有忘記你的貢獻，特地讓我請你喝酒排解苦悶。」

酒後，經理剛進家門，妻子便說：「你真是受公司重視的人！」這令他分外吃驚。後來他才知道，那天是他們結婚二十週年紀念日，盛田昭夫專門為其訂購了一束鮮花，並附上了親自寫上賀詞的卡片。

盛田昭夫的「鮮花療法」療效明顯。他在批評下屬時，不忘記肯定他們的功績，既減少了不良影響，又維護了員工的自尊心。根據著名心理學家馬斯洛的需求理論，每個人都有被尊重和被認可的需求。一個懂得如何顧全下屬面子的上司者，會使批評更有效，甚至超過預期的效果。

除了盛田昭夫，聯想集團的創始人柳傳志也是一個「鮮花」高手。

在聯想集團內部，有一個延續了十幾年的規定，即無論是誰，如果開會遲到了就要罰站一分鐘。這一分鐘是很嚴肅的一分鐘，不這樣的話，會就沒法開。沒想到，第一個被罰站的人，竟然是柳傳志的老上司。但是，規則面前人人平等。柳傳志對那位老上司說：「你現在在這兒站一分鐘，今天晚上我到你家裡，給你站五分鐘。」老上司滿臉尷尬。

柳傳志語氣更加堅定了，「現在你必須罰站，不這樣，今後的會議就沒法開了，所有的人都忙，那就都有理由遲到。」

如此一來，既維護了鐵的紀律，又挽回了老上司的面子，還顯示了他的真誠，老上司的不愉快也就煙消雲散了。

在生活和工作中，批評在所難免，但要學會巧妙地批評，軟硬兼施，讓他人既意識到錯誤，同時也理解自己善意批評的意圖，使他人內心裡對自己心存感激。

明朝的孔鏞在處理一夥強盜侵擾的事件中，所採取的軟硬兼施的心術，很值得我們仿效。

孔鏞在田州任太守，上任沒幾天，附近的強盜突然聚眾騷擾田州城。眾人都建議閉門待援，孔鏞卻說：「這樣撐不了幾天，為今之計，只有向他們宣揚朝廷的恩威，或許還可以讓他們退兵。」

孔鏞不聽眾人的苦苦勸告，單騎出城來見強盜。圍城的強盜見一個當官的騎馬出城，非常驚訝，有人上前攔住盤問，孔鏞答道：「我是新來的太守。你快領我去見寨主，我有話要對寨主說。」

強盜們不知道他的用意，只好把他帶到寨主跟前。眾強盜紛紛拔刀亮劍，怒視孔鏞。孔鏞沉著鎮定，緩緩下馬，站立在他們中間，對眾人說：「我是你們的父母官，還不快給我搬把椅子來！」

強盜們取過一個坐榻放在當中，孔鏞不慌不忙地坐下，招呼眾人上前。

寨主問他是誰。孔鏞說：「我是孔太守。」強盜們一聽都趕忙下拜。

孔鏞開口：「我知道你們都是善良的百姓，因饑寒所迫，聚集在一起企圖逃避死亡。」強盜們點頭稱是。孔鏞接著說：「但前任太守不體諒你們，要將你們斬盡殺絕。」聽完此話，強盜們紛紛罵起來，歷數前任太守的劣跡。孔鏞微微一笑，繼續說：「我這次奉朝廷之命，來擔任田州的太守，是要把你們當親人看待。如果你們能聽我的話，我就赦免你們的罪過。你們送我回府，我拿糧食布匹周濟你們，從今以後就不許再幹殺人越貨的勾當了。若不聽我的勸告，現在就可以把我殺了，但日後有朝廷命官軍前來問罪，你們就要因此而承擔罪責。」

寨主聞言大喜，說：「假如您能撫恤我們，只要您在這裡做太守，我們一定不再侵犯騷擾。」

「君子一言既出，駟馬難追。」孔鏞拍著胸脯說。

眾強盜再次拜謝，連忙殺牛宰羊，做了一頓豐盛的晚飯招待他。孔鏞飽餐一頓後，在寨中過了一夜，第二天便帶領大家進城取了布匹、糧食，眾強盜果真退走，自此田州一片太平。

孔鏞不戰而勝，這是因為他能抓住強盜心理上的弱點，運用軟硬兼施的手段，曉之以理，動之以情，使眾強盜內心受到震動。這就是「打一巴掌揉三揉」的最高體現。

## 伸手不打笑臉人，用笑臉抵擋一切

沒有人喜歡和一個整天愁眉苦臉的傢伙在一起，原因很簡單，因為這種人通常只把悲傷帶給別人，而那正是大家最不想要的。如果你想獲得別人的喜愛，盡量保持笑口常開是不二法門。俗話說：伸手不打笑臉人，笑臉迎人不但讓共事的氣氛更歡愉，對於工作也有事半功倍之效。

試想，如果一位陌生人對著你微笑，你是不是感覺到有一種無形的力量推著你和他接近？如果你看到的是一張苦瓜臉，肯定會對這種人敬而遠之的。

報紙上曾登過這樣一個故事：

在飛機起飛前，一位乘客叫空姐過來，請求空姐給他倒一杯水。空姐彬彬有禮地說：「先生，為了您的安全，請稍等片刻，等飛機進入平穩飛行後，我會立刻把水給您送過來，好嗎？」

半個小時後，飛機已進入平穩飛行狀態一段時間了。突然，乘客服務鈴急促地響了起來，空姐猛然意識到：糟了，剛剛一片混亂，自己居然忘了給那位乘客倒水了！空姐來到客艙，看見按響服務鈴的果然是剛才那位乘客。

她小心翼翼地把水送到那位乘客跟前，面帶微笑地說：「先生，實在對不起，由於我的疏忽，給您帶來了不便，我感到非常抱歉。」

這位乘客抬起左手，指著手錶憤怒地說：「怎麼回事，有妳這樣服務的嗎？」空姐手裡端著水，心裡感到很委屈，但是，無論她怎麼解釋，這位挑剔的乘客都不肯原諒她的疏忽。

在接下來的時間裡，為了彌補自己的錯誤，每次去客艙給乘客服務時，空姐都會特意走到那位乘客面前，面帶微笑地詢問他是否需要什麼說明。然而，那位乘客餘怒未消，冷冰冰的，對她愛理不理。

臨到目的地前，那位乘客要求空姐把留言本給他。空姐認為他一定要寫投訴信，然而打開本子卻驚奇地發現，那位乘客在本子上寫下的並不是投訴信，相反，這是一封熱情洋溢的表揚信。

在信中，空姐讀到這樣一句話：「在整個過程中，妳表現出的真誠歉意，特別是妳的十二次微笑，深深打動了我，使我最終決定將投訴信寫成表揚信。妳的服務品質很高，下次如果有機會，我還將乘坐你們的航班。」

這就是微笑的力量！微笑是世界上最燦爛的花朵，它有無窮的魅力，任何不滿在它面前都會被軟化。所以，當你想取得別人的諒解時，不妨帶上微笑，如果一次微笑不見成效，就來第二次。要把微笑當成一種習慣，這種習慣會使你受用無窮。

漢初漢高祖劉邦去世，匈奴單于趁機欲侵吞漢朝疆土，便寫了一封十分傲慢無禮的信給呂后。信上說：聽聞妳最近死了丈夫，而我正好死了妻子，看妳已人老珠黃，乾脆就帶著江山來跟我過吧。

呂后看了信，又羞又氣，恨不得手刃了匈奴單于。但她到底是一個頗有心計的女人，改而採取微笑外交，順水推舟地回信說：「我老了，只怕不能侍候大可汗，不過，我們宮中年輕貌美的人倒有。」於是，她送了一個宮女和親，一場大戰便消解了。

當時呂后要是「衝冠一怒」，結果是可想而知的。

前文提到過，劉邦在世的時候，曾親率大軍征討匈奴，但大敗，被困在山西定襄，差一點兒被活捉。劉邦尚且如此，更不要說呂后了。有時候，軟辦法要比硬辦法管用。劉邦的戰爭手段失敗，呂后的微笑外交卻獲平安。

人都是這樣的，同樣一件事去向別人請求說明，語言的表達方式不一樣，甚至表情不一樣，其效果都會大不相同。一個人面部表情親切、溫和、充滿喜氣，說話如春風拂面，暖人心田，遠比穿著一套高檔服裝更吸引人注意。

暢銷書作家當年明月曾提出過一個「土木堡症候群」的概念，指綁架時綁匪主動站在人質一邊的行為。以下是《明朝那些事兒》中的原文：

在我們的身邊，經常會出現一些人，讓我們一見如故，感覺溫暖，如沐春風，這種氣質往往是天生的，我們都願意和這樣的人交往。而朱祁鎮正是一個這樣的人。

年僅二十三歲的朱祁鎮實際上是一個非常寬厚的人，他雖然身為皇帝，卻對身邊的下人很好，對大臣們也是禮遇有加，用謙謙君子、溫潤如玉來形容並不過分。

在被敵人俘虜的窘境中，在時刻面臨死亡威脅的陰影下，在異國他鄉的茫茫大漠裡，朱祁鎮始終保持著鎮定自若的態度，即使對自己的敵人也是有禮有節、笑臉相迎。時間一長，連看管他的蒙古士兵和軍官都心甘情願為他效力。

其中甚至還包括二當家伯顏帖木兒。

而朱祁鎮的這種能力作用還不限於此，甚至在他回國後被弟弟關押起來時，奉命看守他的大臣也被他感化，心甘情願任他驅使，為他出力。

由此可見，微笑的魅力是多麼巨大。

日本有句古語：「微笑親近財富，沒有微笑，財富將遠離你。」而從心理學的角度來說，微笑代表了友好與開放的心態，很容易給別人留下樂觀、真誠、善意、體貼的印象。任何人都不喜歡用熱臉挨冷臉，也沒有人會將你的好意拒之千里。美國前總統尼克森就是以微笑當選、執政的。「尼克森的微笑」一度風靡美國，成為尼克森登上總統席位的基礎。

有人曾問尼克森：「在您競選總統時，從早到晚到處與人握手、微笑，怎麼能受得了？」尼克森笑著回答說：「其實對他們微笑的時候，我的心裡一直想踹走他們！」

明明心裡很討厭對方，卻偏偏強裝笑臉，又是親熱地握手，又是笑容滿面地揮手，如此「自信」、「開心」、「熱情」的表現，能不給別人留下美好的印象嗎？倘若尼克森總統愁眉不展、心事重重，面露厭倦和疲憊的神情，誰也不敢保證他能競選成功。

微笑是一種極具感染力的交際語言，不但能很快縮短你和他人的距離，並且還能傳情達意。當然，微笑看似簡單，但也需要講究一定的技巧。

## ◎用你整個臉去微笑

你要明白，一個美麗的微笑並不單屬於嘴唇而已，它同時需要眼睛的閃爍、鼻子的皺紋和面頰的收縮。一個成功的微笑是包括整個臉的笑。

**◎要笑得真誠**

人對笑容的辨別力非常強，一個笑容代表什麼意思、是否真誠，人的直覺都能敏銳判斷出來。所以，當你微笑時，一定要真誠。真誠的微笑讓對方內心產生溫暖，引起對方的共鳴，使之陶醉在歡樂之中，加深雙方的友情。

**◎微笑要有不同的含義**

對不同的交往溝通對象，應使用不同含義的微笑，傳達不同的感情。例如尊重、真誠的微笑應該是給長者的，關切的微笑應該是給孩子的，曖昧的微笑應該是給自己心愛的人的。

**◎把握微笑的層次變化**

微笑有很多層次，有淺淺一笑，眼中含笑，也有哈哈大笑。在整個交談過程中，微笑要有收有放，在不同時候使用不同的笑，如果一直保持同一層次的笑，表情會顯得僵硬、呆板，被對方認為是傻笑。

**◎注意微笑維持的長度**

微笑的最佳時間長度以不超過三秒鐘為宜，時間過長會給人假笑或不禮貌的感覺，過短則會給人皮笑肉不笑的感覺。

### ◎微笑要看不同的人際關係與溝通場合

微笑使人覺得自己受到歡迎、心情舒暢，但對人微笑也要看場合，否則就會適得其反。如當你出席一個莊嚴的集會，去參加一個追悼會，或是討論重大的政治問題時，微笑是很不合時宜的，甚至招人厭惡。因此，在微笑時，你一定要分清場合。

## 寧可得罪君子，也不得罪小人

什麼是小人？

小人是一種人格有缺陷的人，一種一切以自我為中心，毫無公德可言的人，一種不識抬舉、不知好歹的人。如果他們還能被稱為「人」，那也是被我們稱為「賤人」的人。

說起小人，人們往往表現出一種無奈。孔子在總結自己從政失敗的原因時，就將它歸結於小人的陷害，因此他說：「唯女子與小人難養也。」即使是像諸葛亮這樣的先哲，對小人也沒什麼良方，他對君主的進言無非也是：「親賢臣，遠小人。」

君子在前方浴血奮戰，背後卻常有暗箭來襲，即使本領再大，也頂不住後院起火。而小人卻只需要一個諂笑，一句讒言，一記馬屁，就足以勝過君子的百般辛苦，萬般勞累。

君子一言不合即拍案而起，小人卻善於偽裝、不動聲色。得罪了君子，我們還知道因何得罪，知道如何修補；得罪了小人，卻往往讓我們如墜雲霧山中，百思不得其解。

得罪了君子，只要勇於認錯，就會多一位朋友，君子只認理，不記仇，事情過了便不留痕跡；得罪了一個小人，便多了一群敵人，從此休想再得安生。故此，便有了「寧得罪君子，莫得罪小人」的說法。

曾為大唐中興立下赫赫戰功的唐朝名將郭子儀，不僅在疆場征戰上得心應手，而且在朝廷中也八面玲瓏，這完全得益於他「寧得罪君子，不得罪小人」的智慧。

與郭子儀同朝為官的盧杞，生得相貌奇醜，臉形寬短，鼻子扁平，兩個鼻孔朝天，眼睛小得出奇，很少招人待見，經常有人因看到他這副尊容而忍不住掩口失笑。但就是這樣一個人，郭子儀卻從不敢怠慢。

有一次，郭子儀臥病在床，盧杞聞訊前來探望。奴僕通報過後，郭子儀趕忙將左右姬妾遣退到後堂去，獨自一人招呼客人。盧杞走後，姬妾們重新回到病榻前，對剛才的行為滿腹狐疑，「有那麼多官員來探望您，您從不讓我們迴避，為什麼這麼醜的人來了，卻讓我們都躲起來呢，莫不是怕他驚嚇了我們？」

郭子儀娓娓道來：「妳們有所不知，此人面醜心惡，對別人的反應十分敏感，萬一妳們看到他忍不住失聲發笑，可就惹惱了他，即使他嘴上不說什麼，但心裡一定會記恨，有朝一日他若得勢，依他睚眥必報的性格，我們家可就要遭殃了。」

果不其然，後來盧杞當了宰相，極盡報復之能事，把所有得罪過他的人統統加以陷害，唯獨對郭子儀秋毫無犯，甚至還尊重有加。看來，郭子儀對盧杞這種小人行事作風是十分瞭解的，所以在與他打交道時便加倍小心。郭子儀的精明老到之處，也由此可見一斑。

這個世界還真是這樣的，小人往往生活得比君子好得多，這是一個很多人不願意承認的事實。為什麼歷史上小人比比皆是，君子卻少之又少？這是因為「適者生存，不適者淘汰」的自然選擇理論，小人生存下來了，君子被淘汰了；又因為「物以稀為貴」的原因，君子尊貴而小人卑賤。

小人除了具有讓人痛恨的行徑外，還有什麼特點呢？

1. 小人喜歡造謠生事，他們造謠生事都另有目的，並不以造謠生事為樂。
2. 小人喜歡挑撥離間，為了某種目的，他們可以用離間法挑撥同事間感情製造他們不和，好從中獲利。
3. 小人不怕麻煩。怕麻煩做不了小人，小人就在麻煩中找事。小人知道越麻煩越容易把事情搞混，只要自己不怕麻煩，總有怕麻煩的人。
4. 喜歡陽奉陰違，這種行為代表他們的行事風格，當面一套，背後一套，表裡不一。「口蜜腹劍」的李林甫便是此類的代表人物。
5. 小人都是牆頭草，哪邊得勢就倒向哪邊。
6. 小人的心胸很狹隘，從來不會寬容寬待別人，只會苛求別人，而且吹毛求疵，無所不用其極。

7. 小人喜歡落井下石，只要有人跌倒他們就會追上去再補一腳。

余秋雨先生在《山居筆記》裡面寫道：「小人不僅是個人道德品質的畸形，更是一種獨特的心理方式和生態方式。」的確，小人沒有道德的束縛，他們是一團驅之不散又不見痕跡的腐蝕之氣，他們是一堆飄忽不定的聲音和眉眼。被小人纏上，是一件很悲慘和無奈的事情。只會讓你無法掙扎，無法透氣，只能付出不該有的代價，甚至是慘重的。

那麼，該如何妥善處理和小人的關係呢？

### ◎嚴防小人，少說多聽

俗話說：「禍從口出。」如果你是個直性子的人，不懂得為自己留後路，不管對任何人都直言不諱，你就很有可能被這些小人穿小鞋，尤其是在職場中，他們會在辦公室抨擊你，給你製造流言蜚語，使得你無法正常工作。

### ◎堅決不能將其列入好友名單

進了一個團體，在選擇朋友時一定要把結交的朋友分成「三六九」等，根據不同等級對朋友採取不同的交往方法。而對於這類卑鄙無恥的小人，千萬不能將其列入核心朋友或知心朋友名單，最好是連朋友的名單都不要將其列入，只要有表面上的禮節就可以了，防止在自己真心付出的時候受到傷害，更避免自己遭到這類人的致命暗算。

## ◎君子不和小人相鬥

為什麼君子不和小人相鬥呢？因為小人是不受道德規範約束、不講遊戲規則的。

從前，有個村莊裡住著一位有智慧的老人，村民們有什麼疑難問題都來向他請教。某天，一個狡猾的小人捉了一隻小鳥，握在手掌中，跑去問老人：「聽說您是最有智慧的人，不過我不相信。如果您能猜出我手中的鳥是活的還是死的，我就相信了。」

老人很清楚這個小人的算盤：如果他回答小鳥是活的，對方會暗中加勁把小鳥捏死；如果他回答是死的，對方就會張開手讓小鳥飛走。老人拍了拍小人的肩膀，對他說：「小子，不要自作聰明了！東西在你手裡，是死是活還不是你說了算！」

## ◎不要與小人有利益瓜葛

小人常成群結隊，霸佔他人利益，形成勢力。你千萬不要想靠他們來獲得利益，因為你一旦得到利益，他們必會要求相當的回報，甚至就如蒼蠅般黏上你不放，你想脫身都不可能。

## ◎以其人之道還治其人之身

小人一般都會以你的兄弟們或好朋友的面目出現，趁你不備「捅你一刀」。

對付這種人也可以採取「以其人之道還治其人之身」的方法，讓他也嘗嘗被人暗算的滋味。

## 量小非君子，無毒不丈夫

「量小非君子，無毒不丈夫」是人盡皆知的一句俗語。量小，指氣量狹小，受不得半點委屈、凌辱；無毒，指下不了毒手，狠不下心。前者不能成為有作為的人，後者不是大丈夫的行徑。

這句話反過來講，就是但凡大丈夫、有作為者，一要肚量大，能吃下去一切，又名為「宰相肚裡能撐船」；二要心夠狠，能打破仁義、良心道德的羈絆，不講婦人之仁。

先說「量小非君子」。量，在這裡指限度、胸懷、容人之量。《尚書》中說：「一個人有包容的雅量，他的德行就偉大。」一個人只有容人之所不能容，忍人之所不能忍，恕人之所不能恕，忘人之所不能忘，才能理人之所不能理，為人之所不能為，成人之所不能成，達人之所不能達。

猶太人之所以能夠成為精於生財之道的民族，被譽為「世界商人」，與他們的豁達、大度密不可分，從下面的猶太民諺中可見一斑：「如果斷了一條腿，你就應該感謝上帝不曾折斷你兩條腿；如果斷了兩條腿，你就應該感謝上帝不曾折斷你的脖子；如果斷了脖子，那也就沒什麼好擔憂的了。」

白隱禪師為人純潔，心地善良，見過他的人都說，在成年人中，很少能看見這樣純淨的眼睛。他在山寺中一個人過著平靜的生活。

有一次，寺院附近村莊中有一個女孩沒有結婚便懷孕了，這讓她的父母深感恥辱，逼著女孩說出孩子的父親到底是誰。女兒在父母一再相逼之下，吐出兩個字：「白隱。」

女孩的父母非常惱怒，便與眾人一起去找白隱禪師理論，並當場辱罵道：「平日你一副得道高僧的模樣，沒想到竟然在佛祖的面前做出這種事情來！既然你是孩子的父親，那你就得敢做敢當！等孩子生出來之後，你得收留他！」

面對眾人的指責與辱罵，白隱禪師只是說了一句：「是這樣嗎？」然後便答應要將孩子收留。

孩子在出生之後立即被送到了寺院中。一個出家人要照顧一個剛剛出生的孩子，可想而知有多麼困難。白隱不顧眾人鄙視的眼光，到處乞求得來了牛奶，並自己為孩子做了衣物，他盡自己所有的力量去照顧這個孩子。

在白隱的精心照顧之下，孩子一天天長大了。這一切，都被孩子的母親——那個年輕的女孩看在眼裡。她被感動了，母愛在她心裡慢慢復甦，她終於良心發現，向父母稟明實情：孩子的父親不是白隱禪師，而是一位在漁市上工作的青年。

女孩與其父母再一次來到寺院，向白隱禪師道歉、懺悔，並要領回孩子。只見白隱禪師仔細地把孩子包好，送到他們手中，然後，輕輕地說了一句：「是這樣的嗎？」

這就是高僧大德的境界！如果一語齟齬便念念不忘，一事唐突便記恨一輩子，這只能說明此人胸懷狹窄。所以，大丈夫切不可揪短不鬆手、得理不饒人，更不能「武大郎開店——容不得高個的」。如能容人之所不能容，則必成大器。

「無毒不丈夫」就是說心腸要黑，手段要辣，對於自己的對手，要痛下殺手，毫不留情，正所謂「斬草不除根，春風吹又生」。這方面的領軍人物當推朱元璋。

朱元璋起兵推翻元朝，得了天下，做了明朝的開國皇帝，就對和他同甘苦共患難的開國大臣起了疑心，深恐他們謀反，奪取他的皇位，就心懷殺機。

這天，他頒下聖旨，召開國功臣到慶功樓加官晉爵，設宴慶賀。酒宴大開，熱鬧非凡。突然有一個太監來報，說皇后請萬歲速回後宮，有要事商量。丞相徐達頓生疑竇，見朱元璋已走到門口，於是他緊跟朱元璋走下樓來。

朱元璋發覺身後有人，回頭一看，見是徐達，便問：「丞相為何離席？」

徐達說：「特來保駕。」

朱元璋說：「不必不必，丞相請回。」

徐達哀戚地說：「皇上真的一個也不留嗎？」

朱元璋心中一凜，心想：好精明的傢伙！我的機密已被他識破。

徐達見皇上不言語，又說：「皇上如果執意，臣不敢違命，只希望皇上能照顧臣的妻兒老母。」一說畢，轉身欲回。

朱元璋忙說：「丞相隨我來。」

他倆剛走出幾步，突然，轟隆隆一聲巨響，功臣樓瓦飛磚騰，火光沖天，可憐滿樓功臣，全部葬身火海。原來，朱元璋為了永保朱姓天下，才設下這火燒慶功樓的毒計。

徐達死裡逃生，回到家裡，整天茶不思飯不想，沒有多久，就生了一場大病，背上還長了個大瘡，瘦得脫了人形。

一天，兩名太監抬著一隻清蒸公鵝來到徐達府上，說：「皇上聞知丞相貴體不佳，特命小人前來問安。」

徐達知道，公鵝是發物，生背瘡之人，吃蒸鵝立刻會死，很明顯這是皇上賜死啊。但皇命難違，他只得上前謝恩，收下了公鵝。沒有多久，他就含恨死去。

「量小非君子，無毒不丈夫」，這句話雖然帶著一股邪氣，卻成就了不少人。在「勝者為王，敗者為寇」的生存競爭中，如果臉不厚心不黑，對敵人一味地心慈手軟，就會被對方無情地吃掉。所以，讓自己的心腸變狠一些，手段變辣一點，並不是不值得稱道的事情，我們必須認識到這一點，並努力做到這一點。

## 欲成大事，婦人之仁要不得

什麼是「仁」？《禮記．中庸》記載孔子對魯哀公問道：「為政在人，取人以身，修身以道，修道以仁。仁者人也。」孔子認為「仁」就是人與人的關係。春秋時，仁往往與忠、義、信、敏、孝、愛等並列，被看成是人的重要德行之一。

仁有兩種，一種是王者之仁，一種是婦人之仁。

王者之仁是作為強者對於弱者、上司對於下屬的憐愛，是一種風度，一種氣量。

婦人之仁，優柔寡斷，當斷不斷，往往放虎歸山，貽誤戰機，最終禍害無窮。

有一則這樣的寓言：有一匹餓狼闖進羊圈，想抓一隻小羊來吃，不巧卻被牧羊犬發現了。這隻牧羊犬非常兇猛，狼見打不過也跑不掉，便趴在地上一邊流淚一邊哀求，發誓這輩子再也不會來打這些羊的主意。牧羊犬被狼的話感動了，便放了牠。想不到這隻狼在牧羊犬轉身的時候，縱身咬住了牧羊犬的脖子。幸虧主人及時趕來，才救了牧羊犬一命，但牧羊犬流了很多血，牠傷心地說：「我不應該被狼的話感動的！」

這就是婦人之仁。婦人的特色之一是心特別柔軟，她們容易感動，意志容易受到情緒的影響而動搖。就像沈從文所說：「女人是個矛盾的綜合體，她們內心深處期待一種被征服的無力感。」女人的母性一旦被激發，就容易變得很沒原則，很不理性，甚至沒有是非。

項羽的婦人之仁是出了名的。《史記．淮陰侯列傳》說：「項王見人，恭敬慈愛，言語嘔嘔，人有疾病，涕泣分食飲，至使人有功，當封爵者，印刓弊，忍不能予，此所謂婦人之仁也。」鴻門宴上，項羽要殺掉劉邦，可以說易如反掌。然而，項羽始終未能下定這個決心，而且對范增的提醒不予理睬，最終放了劉邦一條生路。

項羽是貴族，是君子，所以可以「欺之以方」，你跟他講規則、講風度，他就輕信了。鴻門宴上，項羽放過劉邦，並不難理解，因為對他來說，酒席上殺人是有失風度、很丟面子的事情。

漢元帝劉奭做太子時，有一次談話中說父親所訂的刑法太重，應該多用儒生。宣帝變了臉色，說：「漢家自有制度，本以霸王道雜之，奈何純用德教，用周政乎？」他狠狠罵了一頓儒生，哀嘆道：「亂我家者，太子也！」這話說得再明白不過了，「仁」這個東西，是做給外人看的，自己萬萬不能信，眼看自己的兒子被儒生教「壞」了，他怎麼能不生氣？

三國時郭嘉論曹操對袁紹有「十勝」，袁紹則有「十敗」，其中之一便是在「仁」上的勝敗。郭嘉說：「袁紹見人饑寒，恤念之形於顏色，其所不見，慮或不及也，所謂婦人之仁耳；公於目前小事，時有所忽，至於大事，與四海接，恩之所加，皆過其望，雖所不見，慮之所周，無不濟也，此仁勝也。」他意思是說袁紹這種仁愛是短淺的、沒有胸懷的，因為他愛的範圍只是他眼睛所看到的東西，太有侷限性。他的仁愛並不是從普天下的所有人出發，他沒有博愛天下的氣魄和勇氣，所以他是成不了事的。

唐高宗李治去世後，武則天全面掌控朝政，她廢中宗為庶人，逼殺太子於巴州，改國號為「周」，自稱「金輪皇帝」。這激起了李唐王朝的宗室和一些大臣的強烈不滿。為了維護自己的統治，武則天除了動用軍隊、消滅反對自己的武裝外，還大興冤獄，用酷吏、施酷刑來鎮壓一切心懷不滿之人。

她重用來俊臣、周興、索元禮等酷吏，鼓勵告密，濫殺無辜，濫施法外之刑，其手段之殘酷，令人髮指。當唐朝宗室子弟幾乎被趕盡殺絕的時候，武則天決定收手，回過頭來向酷吏開刀。有趣的是，武則天對付那些酷吏的刑罰卻是他們自己發明的，可謂「以其人之道，還治其人之身」。

西元六九一年，武則天以謀反之名，命來俊臣逮捕周興。

來俊臣接到聖旨後，便馬上實施計劃。一日，他以請客為名邀周興來喝酒。酒過三巡之後，來俊臣對周興說：「有個犯人，不肯認罪，所有刑罰都用過，此人還是不招供，請問老兄有何妙計？」

周興不知是計，遂獻計說：「可找來一個大甕，用炭火從四面圍燒炙紅，請他入甕，保管他望而生畏，何事不招？」

來俊臣於是叫人抬過來一口大甕，按周興說的辦法，用炭火圍住燒烤，然後站起來對周興說：「現在有人告發老兄謀反，皇帝命小弟來審問你，那麼就請君入甕吧！」

周興半信半疑，說：「老弟，別開玩笑了，咱倆接著喝酒吧。」話音未落，上來幾名武士將周興五花大綁，準備放入甕中。周興見勢不妙，惶恐地跪倒認罪，連連磕頭求饒。

按照唐律規定，謀反罪應當處死。武則天因周興以往告密有功，又曾助她排除異己，所以將他免死，流放嶺南。但是由於周興平時作惡多端，害人無數，行至半程即被仇人用刀碎剮而死。

之後不久，又有人告發來俊臣謀反，武則天下令將他斬首於市。為了爭取民心，武則天下了一道詔書，歷數來俊臣的罪狀，將任用酷吏以來造成的災禍，統統歸於來俊臣身上。

武則天雖為婦人，卻沒有絲毫的婦人之仁，她借酷吏之手，為其掃蕩政敵，而後又以毒攻毒巧借酷吏的頭顱，清洗自身，緩和危機。由此可見武則天權謀之高明、用心之狠辣，真所謂「最毒婦人心」也！

## 凡事留三分餘地，不是為別人，而是為自己

安尼施．卡普爾是英國雕塑界一位極其重要的人物，他憑藉雕塑《墜入地獄》一舉成名。後來，有記者問他成功的祕訣。

安尼施．卡普爾說：「根本沒有什麼祕訣，我個人的體會是，要當好一名雕像師，只要做到兩點就行了——第一是要把鼻子雕大一點；第二是要把眼睛雕小一點。」

記者不解地問：「為什麼要這樣做呢？如果鼻子大眼睛小，那雕出的人像豈不是很彆扭嗎？」

安尼施．卡普爾解釋：「這樣做才有修改的餘地啊。你想想看，如果鼻子大了，還可以往小裡修改；如果眼睛小了，還可以向外擴大。反之，如果一開始鼻子雕小了，就再也無法加大；如果眼睛一開始雕大了，也就沒辦法改小了。」

其實，仔細想來，安尼施．卡普爾這種「留有餘地」的做法，對我們做人做事也是一種很好的警示：為人處世，凡事應該留幾分餘地，這樣，你才能行動自如，別人也會更加自在。人活著，不但是為了生存，更是為了做成一番事業。辦事要像廚師燒菜一樣，掌握火候，才能把事情辦好。若辦事太死、太絕，到頭來，本該成功的事也只會在片刻之間一敗塗地。

漢代公孫弘年輕時家境貧寒，當上丞相之後，他生活依然十分儉樸，吃飯時只吃一個葷菜，睡覺時蓋的是破舊的棉被。大臣汲黯就向漢武帝參了一本。汲黯在奏摺中說：「公孫弘處於三公的地位，俸祿很多，但卻蓋布被，這是欺詐。」

漢武帝便問公孫弘：「汲黯所說的都是真的嗎？」

公孫弘回答道：「汲黯說得一點沒錯。滿朝大臣中，他與我交情最好，也最瞭解我。今天他當著眾人的面指責我，正是切中了我的要害。我位列三公而只蓋棉被，生活水準和普通百姓一樣，確實是故意裝得清廉以沽名釣譽。況且沒有汲黯的忠誠，陛下怎麼會聽到這種話呢？」漢武帝聽了公孫弘的這一番話，反倒覺得他為人謙讓，就更加尊重他了。

世界上的事情是複雜多變的，所以千萬不能不知變通，不留絲毫迴旋的餘地。而應在發展的過程中充分認識、冷靜判斷各種可能發生的事情，並採取圓融變通的方法隨機應變。

給他人留點餘地，其實也就是在給自己留餘地。既然人不可能一輩子都不犯錯誤，那麼，當我們今日以大度寬容的處事態度去給別人留餘地時，也就是等同於在給自己今後的漫漫人生路掃清一些障礙。

中國西部的一個小村子裡，有一大片柿子園。每到冬天，喜鵲們都會在柿子樹上築巢過冬。有一年冬天，幾百隻找不到食物的喜鵲全部被凍死在樹上。第二年春天，柿子樹重新吐綠發芽，開花結果了。但就在這時，一種毛毛蟲突然氾濫成災。柿子剛剛長到指甲大小，就都被毛毛蟲吃光了。那年秋天，這個村子裡的果農沒有收穫到一顆柿子。從那以後，每年秋天收穫柿子時，果農都會留下一些柿子，柿子吸引了很多喜鵲到這裡過冬。喜鵲彷彿也會感恩，春天也不飛走，整天忙著捕捉果樹上的蟲子，從而保證了柿子的豐收。

在收穫的季節裡，別忘了留一些柿子在樹上，因為，給別人留有餘地，往往就是給自己留下生機與希望。正如某首詩所言：「我付出一片綠葉，卻收穫了整個夏天。」

集處世經驗之大成的《菜根譚》中寫道：「滋味濃時，減三分讓人食；路徑窄處，留一步與人行。」留人寬綽，於己寬綽；與人方便，於己方便。

這是古人總結出來的處世祕訣。

### ◎話不要講太滿

曾有一個人，在公司裡與同事產生了點小摩擦，一時間鬧得很不愉快。一怒之下，他就對那位同事說：「從今以後，你走你的陽關道，我過我的獨木橋，彼此毫無瓜葛！」

這句話說完不到三個月，同事成了上司。他因講了過重的話，所以覺得很尷尬，只好辭職另謀他就。

### ◎擋人財路，等於斷人活路

鄭板橋在落魄之時，曾在蘇州賣畫。他發現一家畫寓主人呂子敬擅長畫梅花，於是鄭板橋就常畫蘭、竹、菊、山水，就是不畫梅花。有個剛從京城回到蘇州養老的吏部尚書，想請鄭板橋為他畫幅梅花。鄭板橋推辭說：「說到畫梅，還是呂子敬先生畫得好。」老尚書聽了以後，就拿著銀子去找呂子敬了。

鄭板橋在蘇州住了三年，要離開時，呂子敬前來為鄭板橋送行，鄭板橋贈給呂子敬的是一幅梅花。呂子敬看了這幅氣韻不凡的梅花，驚歎不已。此刻，平時有點傲氣的呂子敬這才恍然大悟：「鄭兄之所以不畫梅，原來為的是給小弟留口飯吃啊！」

### ◎多一個朋友不如少一個敵人

阿薩吉奧利曾說：「如果沒有寬恕之心，生命就會被無休止的仇恨和報復所支配。」

美國的林肯競選總統成功之後，準備起用一名曾迫害過自己的政客，遭到了同僚們的一致反對。然而林肯對他的部下這樣解釋說：「把敵人變為自己人有什麼不好呢？我這樣做既可消滅一個敵人，而又多得到一個朋友。」

### ◎不苛求完美

追求完美也要有個限度，十全十美的人是找不到的，抓住已有的幸福，活得就會心滿意足，不幸常常是因苛求完美而導致，原貌就是最美，無須過多裝飾，盡己所能就是完美的境界了。

# 別讓不好意思害了你：

## 讓你徹底消滅“不好意思”的超級心理課

| | |
|---|---|
| 作　　者 | 高朋 |
| 發 行 人 | 林敬彬 |
| 主　　編 | 楊安瑜 |
| 責任編輯 | 林子揚 |
| 文字編輯 | 盧琬萱 |
| 內頁編排 | 盧琬萱 |
| 封面設計 | 蔡致傑 |
| 編輯協力 | 陳于雯 |
| 出　　版 | 大都會文化事業有限公司 |
| 發　　行 | 大都會文化事業有限公司 |



11051台北市信義區基隆路一段432號4樓之9
讀者服務專線：（02）27235216
讀者服務傳真：（02）27235220
電子郵件信箱：metro@ms21.hinet.net
網　　址：www.metrobook.com.tw



| | |
|---|---|
| 郵政劃撥 | 14050529 大都會文化事業有限公司 |
| 出版日期 | 2018年12月初版一刷 |
| 定　　價 | 320元 |
| ISBN | 978-986-97111-2-8 |
| 書　　號 | Growth-102 |



Metropolitan Culture Enterprise Co., Ltd.
4F-9, Double Hero Bldg., 432, Keelung Rd., Sec. 1, Taipei 11051, Taiwan.
Tel: +886-2-2723-5216 Fax: +886-2-2723-5220
E-mail: metro@ms21.hinet.net
web-site: www.metrobook.com.tw





國家圖書館出版品預行編目（CIP）資料

別讓不好意思害了你：
讓你徹底消滅“不好意思”的超級心理課 / 高朋 著.
-- 初版. -- 臺北市：大都會文化, 2018.12
304面；14.8×21公分
ISBN 978-986-97111-2-8(平裝)

1.人際關係 2.成功法 3.生活指導

177.2　　107020711


大旗出版社 BANNER PUBLISHING 1990
METROPOLITAN CULTURE 大都會文化

大都會文化　讀者服務卡

書名：**別讓不好意思害了你：**讓你徹底消滅“不好意思”的超級心理課

謝謝您選擇了這本書！期待您的支持與建議，讓我們能有更多聯繫與互動的機會。

A. 您在何時購得本書：______ 年 ______ 月 ______ 日

B. 您在何處購得本書：____________ 書店，位於 ____________ (市、縣)

C. 您從哪裡得知本書的消息：

1. □書店 2. □報章雜誌 3. □電台活動 4. □網路資訊

5. □書籤宣傳品等 6. □親友介紹 7. □書評 8. □其他

D. 您購買本書的動機：（可複選）

1. □對主題或內容感興趣 2. □工作需要 3. □生活需要

4. □自我進修 5. □內容為流行熱門話題 6. □其他

E. 您最喜歡本書的：（可複選）

1. □內容題材 2. □字體大小 3. □翻譯文筆 4. □封面 5. □編排方式 6. □其他

F. 您認為本書的封面：1. □非常出色 2. □普通 3. □毫不起眼 4. □其他

G. 您認為本書的編排：1. □非常出色 2. □普通 3. □毫不起眼 4. □其他

H. 您通常以哪些方式購書：(可複選)

1. □逛書店 2. □書展 3. □劃撥郵購 4. □團體訂購 5. □網路購書 6. □其他

I. 您希望我們出版哪類書籍：（可複選）

1. □旅遊 2. □流行文化 3. □生活休閒 4. □美容保養 5. □散文小品

6. □科學新知 7. □藝術音樂 8. □致富理財 9. □工商企管 10. □科幻推理

11. □史地類 12. □勵志傳記 13. □電影小說 14. □語言學習（_____ 語）

15. □幽默諧趣 16. □其他

J. 您對本書（系）的建議：

____________________________________________

K. 您對本出版社的建議：

____________________________________________

## 讀者小檔案

姓名：______________ 性別：□男 □女 生日：____ 年 ____ 月 ____ 日

年齡：□ 20 歲以下 □ 21 ～ 30 歲 □ 31 ～ 40 歲 □ 41 ～ 50 歲 □ 51 歲以上

職業：1. □學生 2. □軍公教 3. □大眾傳播 4. □服務業 5. □金融業 6. □製造業

7. □資訊業 8. □自由業 9. □家管 10. □退休 11. □其他

學歷：□國小或以下 □國中 □高中／高職 □大學／大專 □研究所以上

通訊地址：____________________________________________

電話：（H）______________（O）______________ 傳真：______________

行動電話：______________ E-Mail：______________

◎謝謝您購買本書，歡迎您上大都會文化網站（www.metrobook.com.tw）登錄會員，或至 Facebook（www.facebook.com/metrobook2）為我們按個讚，您將不定期收到最新的圖書訊息與電子報。

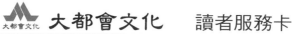

別讓
不好意思
It's OK to SAY NO
害了你

讓你徹底消滅
"不好意思"的
超級心理課

北區郵政管理局
登記證北台字第9125號
免　貼　郵　票

大都會文化事業有限公司
讀　者　服　務　部　　收

11051 台北市基隆路一段432號4樓之9

寄回這張服務卡〔免貼郵票〕
您可以：
◎不定期收到最新出版訊息
◎參加各項回饋優惠活動